Renate Maderbacher

Die Henne Mathilda

und andere Erlebnisse mit Tieren

Verlag St. Gabriel

Alle Rechte vorbehalten
© 1991 by Verlag St. Gabriel, Mödling – Wien
Umschlag und Illustrationen: Renate Maderbacher
ISBN 3-85264-377-5
Satz: Tau Type, Bad Sauerbrunn
Reproduktion und Druck:
Druckerei St. Gabriel, Mödling
Printed in Austria

Für meine besten Freunde
Rudi und Maunkerl

*Ein Leben ohne Freunde
gleicht einem Baum ohne Früchte.*

Und ich widme es auch einem,
dessen Freund ich gerne gewesen wäre:
CHRISTIAN MORGENSTERN
für die Worte:

*Bemerke, wie die Tiere das Gras abrupfen.
So groß ihre Mäuler auch sein mögen,
sie tun der Pflanze selbst nie etwas zuleide,
entwurzeln sie niemals.
So handle auch der starke Mensch gegen alles,
was Natur heißt, sein eigenes Geschlecht voran.
Er verstehe die Kunst: vom Leben zu nehmen,
ohne ihm zu schaden.*

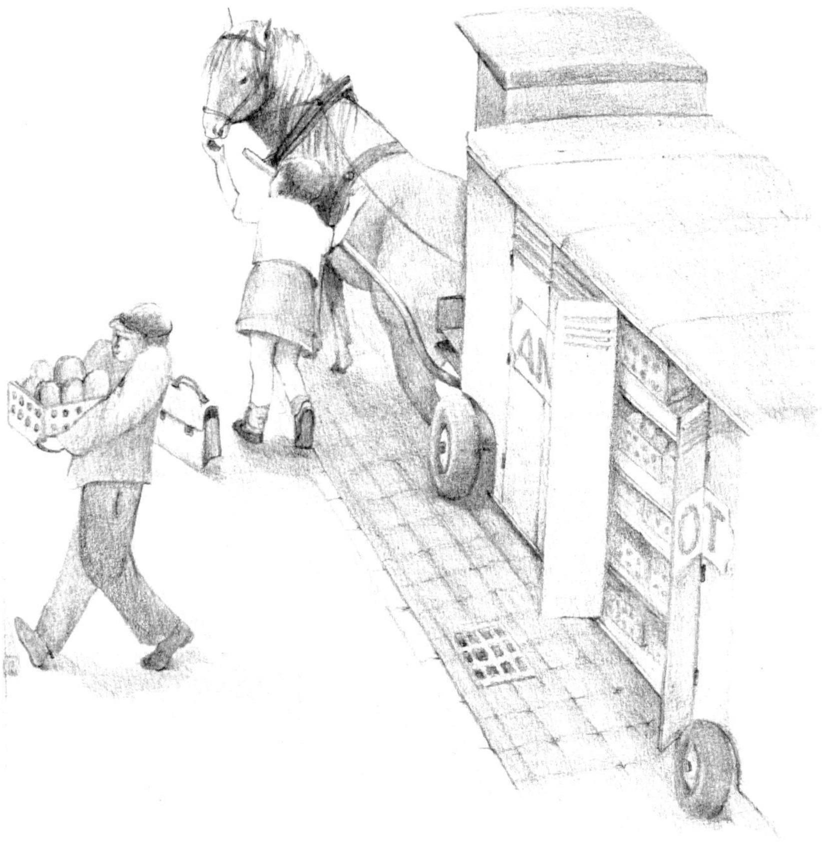

Mein guter Freund Fritz

Welches Tier mein erstes war, weiß ich nicht mehr. Ich hatte immer Tiere, auch wenn ich sie nicht haben durfte. Das heißt, ich mußte sie nicht selbst besitzen, ich machte sie mir vertraut, und so liebte ich viele.

Ich »fand« kleine Vögel, die aus dem Nest gefallen waren oder hinausgedrängt wurden, Katzen, die umgebracht werden sollten, einen Hund, der Tierversuchen dienen sollte, verletzte Tiere, ausgesetzte oder solche, die von den Menschen schlecht behandelt wurden. Es war nicht immer leicht, meinen Vater davon zu überzeugen, daß diese Tiere auf unsere Hilfe angewiesen waren.

Mein erster wirklicher Freund gehörte zur Volksschulzeit wie das Schreiben und Lesen, wenngleich ich durch ihn viel mehr Freude erfuhr als im Unterricht.

Wir trafen einander täglich auf dem Nachhauseweg. Sein Name war Fritz, er war ein Pferd und zog täglich zur gleichen Stunde einen schweren Wagen von einem Ankerbrotgeschäft zum nächsten. Im Wagen gab es immer frisches Brot, Semmeln, Mehlspeisen, lauter duftende Köstlichkeiten, die jedes Kind anlockten.

Solange der Mann, der Fritz begleitete, die Ware auslud, stand ich daneben.

Fritz hatte gutmütige Augen, und seine weiche Schnauze rieb er ganz sanft an meinem Körper, wenn ich zu ihm hinging. Seine Mähne fiel tief auf seinen starken Nacken. Er war ruhig und freundlich, und jeden Tag verstand ich ein wenig mehr von ihm, jeden Tag wurde er mir vertrauter.

Der Mann und das Pferd waren Freunde. Sie waren einander sogar ein wenig ähnlich, nur trug der Mann eine graue Kappe. Ich weiß heute nicht mehr, wie er geheißen hat, vielleicht war sein Name auch Fritz.

Man konnte fühlen, wie sehr sie einander verstanden.

Und beide liebten Kinder.

Einmal steckte ich eine Scheibe altes Brot in meine Schultasche. An diesem Tag hatte ich auch mein Frühstücksbrot aufgespart. Neben einem großen Freund schmeckt es doppelt so gut.

Von diesem Tag an gab es keinen Schultag mehr ohne Fritz! Fritz war immer da, wenn ich von der Schule heimlief, und ich wußte, daß er wartete. Ob ihm das Brot wichtiger war als meine Freundschaft, spielte keine große Rolle, weder für ihn noch für mich. Sein Brot hätte ich nie vergessen.

Dann wurde ich krank. Ich hatte im Bett zu liegen, konnte nicht in die Schule, konnte Fritz nicht sehen.

Doch da läutete es an der Wohnungstür.

Es war der Mann mit der grauen Kappe: Was denn los sei, fragte er, er mache sich Sorgen um mich, und Fritz ginge keinen Schritt weiter. Er hätte es schon mit Brot versucht, das Fritz nicht verschmähte, aber das Tier sei nicht dazu zu bewegen, seinen Weg fortzusetzen.

Ich war sicher das einzige Kind, das von seiner Mutter, in Decken eingewickelt, fünf Stockwerke hinuntergetragen wurde, um einem Pferd ein Stück

Brot zu füttern, damit alle Leute in der Stadt auch ihr frisches Brot bekamen.

War es nicht auch mein Pferd geworden?
Eines Tages blieb Fritz aus und auch der Mann. Ein Auto hatte sie ersetzt.

Ich fragte nicht nach ihnen, ich sprach nie wieder über Fritz, niemand konnte mich trösten. Nicht einmal meine Mutter, obwohl sie die einzige war, die meinen Schmerz verstehen konnte.

Meine Mutter liebte Tiere ebenso wie ich, behandelte kranke, rettete verletzte, die sie im Park oder auf der Straße fand, nahm sie nach Hause oder brachte sie zum Tierarzt, pflegte sie aufopfernd gesund. Sie kümmerte sich um »Urlaubswaisen«, sammelte hartes Brot für die Tiere auf dem Bauernhof und »erbettelte« von den Nachbarn Speisereste, vom Fleischhauer Knochen und Fleischabfälle für den Hund des Bauern, der jeden Samstag am Wegrand saß und auf uns wartete.

Meine Mutter verstand meinen Schmerz. Sie wußte um mein Schweigen, denn sie kannte die Bedeutung des Verlustes.

Ich lernte diesen Schmerz damals kennen. Er wurzelt im Hals, macht still und ruhelos.

Kürzlich habe ich einen sehr interessanten Menschen getroffen. Der Mann hat ein schönes, freundliches Gesicht, sein ganzes Wesen strahlt Ruhe und Gelassenheit aus. Er kennt keine Hast, er nahm sich einfach Zeit für ein Gespräch. Von solchen Menschen lasse ich mir gerne erzählen, raten.

Er hat mir einen Satz mit auf den Weg gegeben, über den ich lange nachgedacht habe: Ein Wunsch, einmal ausgesprochen oder auch nur gedacht, geht irgendwann in Erfüllung, wenn man ihn nie losläßt. Man muß ganz fest daran glauben und warten können – ohne Ungeduld.

Billy

In den großen Ferien waren wir immer in unserem Haus auf dem Lande.

Täglich ging ich mit der Milchkanne zum nahen Bauernhof, um die Milch zu holen. Der Bauer hatte zwei eigene Pferde und einige fremde eingestellt. Tagsüber hielten sie sich im Freien auf, nachts wurden sie in den Stall gebracht.

Die Weiden waren weitläufig und reichten bis an den Wald. Nirgends ein Zaun. Die Tiere liefen nicht davon, denn sie hatten alles, was sie brauchten, und noch ein bißchen mehr; sie wurden geliebt und geschätzt.

Ja, die Pferde waren für den Bauern etwas Besonderes. Am Sonntag oder zu den Feiertagen wurden sie vor den schönen Wagen gespannt, und stolz fuhr er mit ihnen aus. Sie waren sein »Mercedes«.

Die Tiere blieben nicht stehen oder kamen näher, wenn ich auf sie zuging. Sie wollten ja nichts von mir – *ich* wollte ihre Nähe. Sanft sprach ich zu ihnen, streckte meine Hand langsam ein wenig aus der Jacke hervor, um ihre Neugier zu wecken.

Unter ihnen war ein Fohlen. Es war das erste, das mir Nähe erlaubte, und es begleitete mich immer ein wenig weiter auf dem Rückweg.

Dann, eines Tages, stand es auf dem Hügel und wartete schon auf mich. Von diesem Moment an waren wir die dicksten Freunde. Viele schöne, glückliche Stunden waren wir zusammen.

Es rieb seinen Kopf sanft an meiner Lodenjacke, die mir viel zu groß am Körper hing, denn ich war immer zu klein, egal, wie groß ich war. Die Jacke hängt noch genauso an mir wie damals. Und wenn ich die Augen fest schließe, so hängt an ihr noch der Duft jener Stunden mit Billy.

Von dieser Jacke werde ich mich nie trennen, von Billy mußte ich mich trennen. Er wurde verkauft, da half kein Bitten, kein Weinen.

Mein Vater untersagte dem Bauern, mir zu sagen, wohin das Fohlen kam. Trotzdem habe ich es nach zwei Jahren ausfindig gemacht.

Billy hat mich an der Jacke wiedererkannt!

Ich durfte sogar auf ihm reiten, denn er ließ mich oben sitzen, andere hingegen warf er unberechenbar mit einem kühnen Sprung ab. Ich arbeitete im Stall mit, um Billy nicht zu verlieren, denn Geld für Reitstunden hatte ich nicht. So war ich ihm nahe.

Dann wurde Billy abermals verkauft.

Ich besuchte ihn erst wieder nach Jahren. Er war an einem sehr guten Platz gelandet.

Das Haus lag am Waldrand, es hatte große Fensterläden, geradeso wie unseres. Im Hof stand ein großer Heuwagen als Futterkrippe für die Pferde. Um den Heuwagen standen die Vierbeiner.

Unter ihnen ein selbstsicherer, schön gewachsener Hengst: Billy. Langsam ging ich auf ihn zu, redete mit sanfter, ruhiger Stimme zu ihm. An mir hing, wie immer, die Lodenjacke.

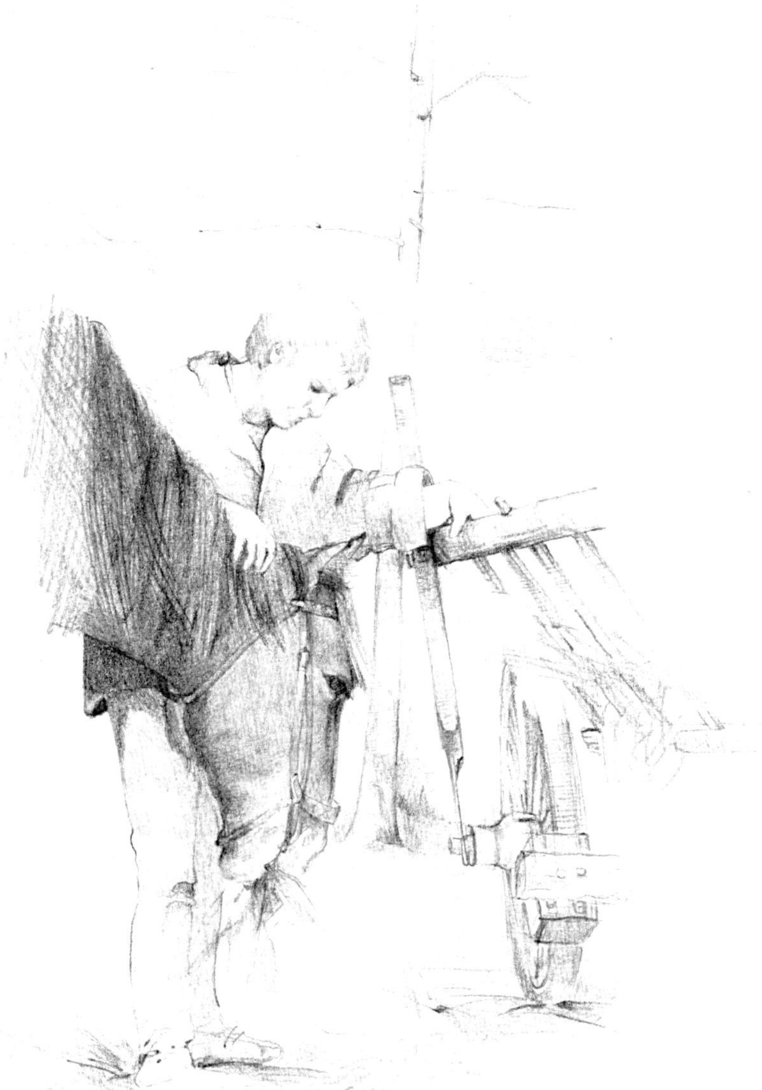

Er drehte den Kopf nach mir, hielt mir die weiche Schnauze entgegen. Neugierig roch er meine Hand, beschnupperte meine Jacke und drehte sich zurück zu seinem Futter. Ohne sonderliche Regung zog er das Heu aus dem Wagen und fraß es in sich hinein.

Er hatte nicht einmal mehr die Jacke erkannt.

Seit jener schönen Zeit mit Billy bin ich, mit einer Ausnahme, auf keinem Pferd mehr gesessen. Doch der Anblick eines Pferdes erfüllt mich immer wieder mit einem ganz außergewöhnlichen Gefühl und weckt so manche schmerzliche Erinnerung.

Einmal jedoch saß ich notgedrungen auf dem breiten Rücken eines Tieres, einer Sau…

Der Ritt auf der Sau Rosi

Ich war etwa sieben Jahre alt.

Das Haus meiner Großmutter war groß und hatte einen riesigen Obstgarten, unmittelbar neben einem Bauernhof. Vier Wohnungen, vier Familien mit Kindern, viermal soviel Streit, aber auch viermal soviel Spaß und verrückte Ideen.

Eines von uns Kindern hatte immer eine Idee. Und weil die verrücktesten Ideen einfach die schönsten und spannendsten sind, waren sie es, denen wir uns am liebsten widmeten. Unsere Eltern stritten sich dann meistens bei der Erörterung der Schuldfrage. Wir Kinder versöhnten uns schneller und ohne große Schwierigkeiten.

Auf dem Bauernhof hielten wir uns am liebsten auf.

Einmal hatte ich eine Idee, die ich jedoch vor den anderen streng geheimhielt.

Rosi war ein großes Mutterschwein. Dick und behäbig lag sie in ihrem viel zu kleinen Verschlag.

Die Kühe kamen tagsüber auf die Weide, die Ochsen wurden vor den Wagen gespannt und durften hinaus aufs Feld fahren, die Hühner liefen durch den Hof, der Hund konnte sich frei bewegen. Nur Rosi blieb im Saustall.

Hatte sie kein Recht auf Ausgang?

War sie wirklich nur da, um zu wachsen, zu fressen, um schließlich selber verspeist zu werden?

Meiner Meinung nach brauchte sie dringend Bewegung! Brauchte auch wie wir die Wärme der Sonne, den Duft nach Gras und Sommer.

Aber ich hatte das sichere Gefühl, daß ich mit meiner Meinung allein stand.

So wollte ich Rosi heimlich und ganz für mich allein zu ihrem Recht auf Freiheit verhelfen.

Als der Hof endlich verlassen war und alle ihrer Arbeit auf dem Feld nachgingen, öffnete ich das Gatter des Saustalls.

Rosi zeigte keine besondere Regung.

Äpfel und Birnen, die ich ihr unter die Nase hielt, lockten sie schließlich aus ihrem Gefängnis.

Rosi schaffte den Weg in die Freiheit dank ihrer Gier…

Schweine sind sehr intelligent. Rosi verstand schnell und erweiterte jeden Tag ihren Ausgang um ein Stückchen. Genau das Stückchen, um das es mehr Zeit brauchte, sie wieder zurückzutreiben.

Und mit jedem Tag wurde es schwieriger für mich, das gute Tier wieder dorthin zurückzubringen, wo ich es lieber gar nicht erst hätte weglocken sollen.

Mein Durchsetzungsvermögen schwand, Rosis Willensstärke wurde so massig wie ihr Körper.

Kein Apfel, keine Birne konnte sie mehr verführen.

Ich versuchte es mit einem Klaps auf den Po, aber wie auch bei mir, zeitigte so eine Handlung nicht den gewünschten Erfolg. Rosi beschleunigte ihr Tempo. Ich lief flehend neben ihr her. Sie hatte kein Erbarmen!

Hast du schon einmal eine ausgewachsene Sau laufen gesehen? – Rosi war schnell, schneller als das kleine Mädchen, das ich war. Doch das kleine Mädchen war nicht dumm.

Ich erkannte meine Chance. Ich schwang mich auf Rosis runden Rücken und faßte nach ihren Ohren, um nicht den Halt zu verlieren. Schweine haben ansonsten rein gar nichts, um sich daran festzuhalten; außer dem Ringelschwänzchen natürlich, aber von dem war ich weit entfernt.

Es schüttelte mich durch, ich rutschte hin und her, es ging steil bergab.

Durch den Bach machte es mir schon Spaß, und als Rosi ihr Tempo ein bißchen mäßigte, weil der Weg danach steil nach oben führte, fand ich großen Gefallen an unserem geheimen Ausritt.

Von der Straße aus konnte man uns sehen. Vielmehr nur mich, Rosi war durch das hohe Gras vor Blicken geschützt. Die Wiese stand kurz vor der Mahd. Was man sah, war ein kleines Mädchen, das sich, mit den Beinen in der Luft, auf seinem Hinterteil flott fortbewegte.

Der Sache wollte man auf den Grund gehen! Wir wurden auf dem Berg vor der Kirche gestellt und in Gewahrsam genommen: Rosi kam in den Saustall, ich in die Küchenecke. Dort hatten wir lange Zeit, um darüber nachzudenken, daß kleine Mädchen und Schweine nicht alles tun dürfen, was ihnen so in den Sinn kommt.

Der Obhut entwachsen

Eines war mir schon immer sonnenklar: Wenn ich endlich groß sei, würde ich so viele Tiere um mich haben, wie ich nur wollte!

Ich wurde weder groß, noch gelang es mir, den zweiten Teil des Vorsatzes in aller Konsequenz zu verwirklichen.

Als ich dann endlich selbst für mich entscheiden konnte, entschied ich mich sehr bald für meinen Mann. Damit hatte ich wieder das gleiche Problem wie früher, denn mein Mann war auch nicht viel leichter davon zu überzeugen, daß ein Leben mit Tieren im Familienverband reicher und glücklicher sei.

Es begann mit einem Hund, klein und glatzköpfig.

Durch ein Ekzem hatte er eine nackte Stelle auf dem Kopf. Wer will schon einen Hund mit einer nackten Stelle auf dem Kopf, wenn er einen ohne eine solche bekommen kann? Niemand wollte ihn, auch nicht mein Mann. Nicht, daß er gegen die Glatze etwas einzuwenden hatte, sondern gegen den Hund als Ganzes.

»Entweder der Hund oder ich!« meinte er.

Der Hund blieb, mein Mann auch.

So nach und nach ist die Anzahl der Haustiere größer geworden, sie wurden ein wichtiger Bestandteil der Familie mit allen dazugehörigen Rechten.

Zusammenleben

Jedes Tier braucht eine gewisse Zeit der Eingliederung in die Gemeinschaft so ungleicher Partner wie Tier und Mensch, wie es nun einmal nötig ist, wenn verschiedene Arten friedlich zusammenleben sollen. Es dauert, will man die Eigenschaften, das individuelle Verhalten eines Tieres verstehen und die Möglichkeiten der Anpassung ergründen. Erst wenn man damit umgehen kann, ist Vertrauen möglich. Nichts läßt sich erzwingen, so wenig wie bei uns Menschen. Glückt es, die Vertrauensbasis herzustellen, ist der Kampf bereits gewonnen.

Unsere Tiere vertrauen uns, und wir wissen, was wir von ihnen *nicht* verlangen dürfen! Sie fordern ihre Rechte, die sie sich erkämpft haben.

Vertrauen ist die wichtigste Voraussetzung für ein möglichst freies Leben in »Gefangenschaft«: Solange *ich* nicht weiß, ob das Kaninchen davonläuft, ob es sich im Dämmerlicht einfangen läßt – und solange *es* nicht weiß, wie sehr ich an meinen Teppichfransen hänge, die ihm ganz vorzüglich zu schmecken scheinen; solange es nicht gelernt hat einzusehen, daß da und dort unvermeidlich Stromkabel im Weg liegen, was den kleinen Kerl furchtbar stört und was zur Folge hat, daß er sie meist mit einem gezielten Biß durchtrennt; solange er nicht kapiert hat, daß alles Grün im Haus ausschließlich mir gehört und nicht seiner Nahrung dient – so lange ist es nicht möglich, ihn frei herumlaufen zu lassen, ohne einen größeren Schaden zu riskieren.

Jedes einzelne Tier hat seine besonderen, unterschiedlichen Bedürfnisse, auch wenn es sich um Tiere ein und derselben Art handelt.

Verschiedene Arten friedlich zusammen zu halten ist eine wunderschöne Aufgabe, die aufregend und spannend wie das Leben selbst ist.

Ein Kaninchen auf Probe

Mein erstes Erlebnis mit einem Kaninchen hat mir gezeigt, wie wichtig es ist, alle Informationen über Art, Haltung und Bedürfnisse des gewünschten Tieres einzuholen und genau zu studieren, ehe man sich entschließt, ein solches Tier bei sich aufzunehmen.

Kurz vor Ostern fiel meinem damals achtjährigen Sohn ein, sich ein Kaninchen zu wünschen. Nie vorher hatte sich ein Familienmitglied außer mir ein Tier gewünscht. Von Kaninchen wußte ich nicht viel.

Meine Schwiegermutter züchtete zwar Kaninchen, aber des Fleisches wegen.

Die Tiere hockten in einem Stall im Schuppen. Scheu und ängstlich, wie sie waren, erwarteten sie nichts als den sicheren Tod. Besuchten wir meine Schwiegermutter, versuchte ich die Kaninchen ein wenig zu zähmen, setzte sie auf den Schoß oder trug sie in die Wiese. Sie wurden bald zutraulich. Ich liebte ihr sanftes Wesen. Meine Schwiegermutter liebte ihr zartes Fleisch…

Wir besuchten meine Schwiegermutter bald nur noch nach den Essenszeiten.

Sollten ich oder mein Sohn jemals ein Kaninchen unser nennen, sollte es Freund und nicht Nahrung sein. Einen Freund würde ich nicht einsperren, frei und fröhlich sollte er sich bewegen können.

Aber ob es wirklich möglich war, ein Kaninchen so

zu halten, wie ich es in meiner Vorstellung wünschte? Viel zu wenig wußte ich über Kaninchen, das war mir klar.

Einfachheitshalber versuchte ich meinem Sohn ein Meerschweinchen einzureden. Über Meerschweinchen wußte ich schon eine ganze Menge mehr, nämlich daß sie leicht zu halten seien und keine großen Ansprüche stellten. Für meinen Sohn genau das Richtige! Aber wie gewöhnlich beharrte mein Sohn auf seinem Wunsch.

Um mein bescheidenes Wissen über Kaninchen aufzubessern, hätte ich mir ein Buch aus einer Buchhandlung oder aus dem Zoogeschäft besorgen können, aber nein; ich borgte mir für drei Tage ein Kaninchen mit Käfig aus, um selbst zu sehen, ob und wie ich mit ihm umgehen konnte.

Es war ein wunderschönes braunes Männchen. Dick und gemütlich saß es in seinem Käfig, der ab und zu geöffnet wurde. Es war nicht besonders scheu, wenngleich es mir einigermaßen mißtraute.

Wir wohnten damals in einer Siedlung am Waldrand. Wenn es das Wetter zuließ, bügelte ich im Freien. Es gab dort einen betonierten Platz rund um den Brunnen, den eine Steinmauer von der Böschung trennte. Ich stellte den Käfig samt Inhalt zu mir und versuchte mich in dessen Lage zu versetzen.

Am ersten Tag war ich mit dem Ergebnis meiner Beobachtungen zufrieden, obwohl ich fühlte, daß es einiges zu verbessern gäbe. Am Tag darauf befriedigte mich der Anblick eines eingesperrten Kaninchens absolut nicht mehr. Was konnte denn schon passieren, wenn es ein wenig herumhoppelte, ich war ja in seiner Nähe!

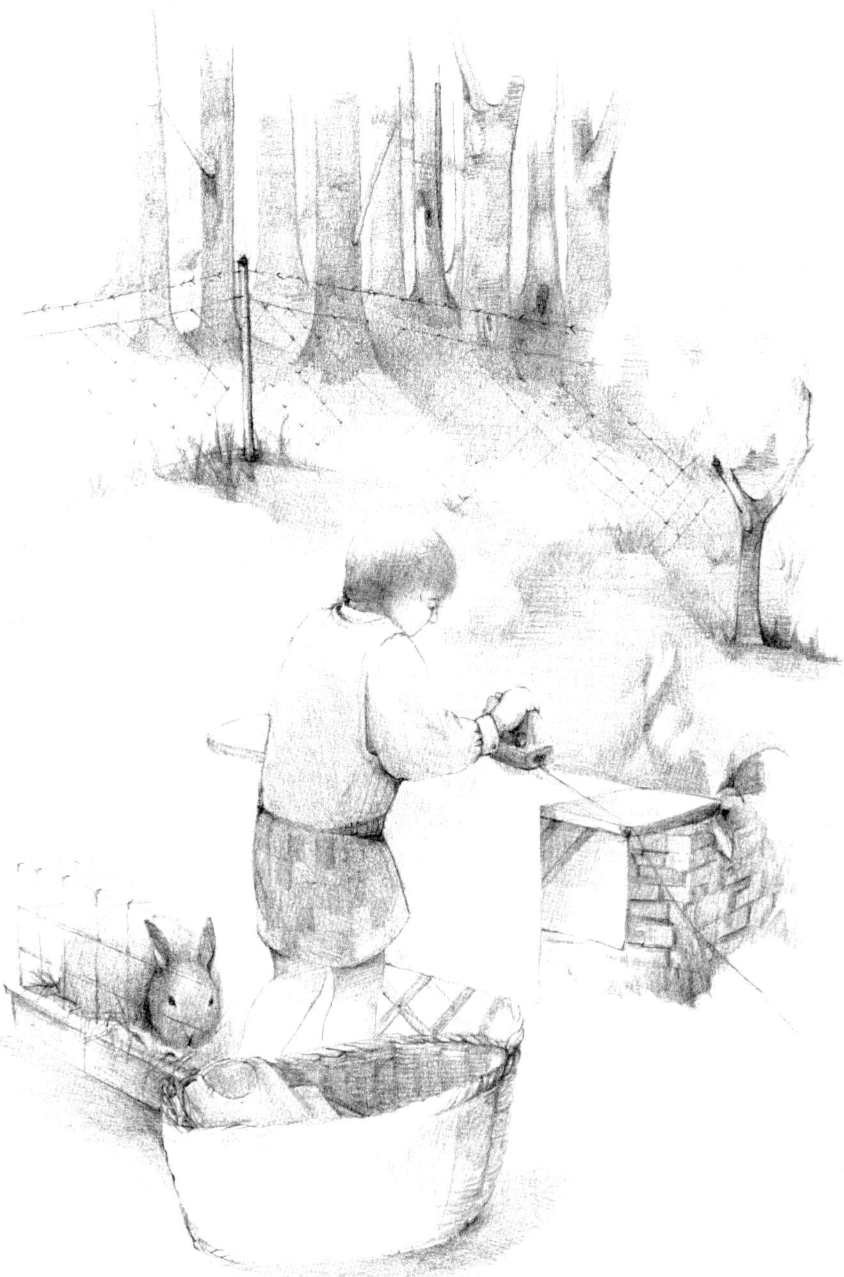

Nach kurzem Bedenken öffnete ich ihm den Weg zur Freiheit – mir zu einer großen Lehre.

Das Kaninchen sprang heraus, und in diesem Moment erwachten in ihm seine schlummernden Instinkte! Und die rieten ihm zur Vorsicht. Jeder meiner Bewegungen schenkte er größte Aufmerksamkeit, alles wurde gründlich beschnuppert. Mir ging das Bügeln vorerst noch leicht von der Hand, denn ich hatte das sichere Gefühl, Herr der Lage zu sein.

Als ich meine Arbeit beendet hatte, wollte ich das Kaninchen wieder in seinem Käfig wissen. Aber es dachte nicht daran, sich freiwillig wieder in Gefangenschaft zu begeben, und noch weniger, sich von mir dorthin treiben zu lassen. Es hoppelte zu den Sträuchern, immer rund um die Stämme. Ich hinterher. Änderte ich die Richtung, tat es das gleiche. Schließlich brachte ich es zu nichts weiter als zu einer recht unerwarteten sportlichen Leistung.

Allmählich wurde mir klar, in welcher Situation ich mich befand. Der kalte Angstschweiß trat auf meine Stirn, als mir bewußt wurde, daß unser rostiger, lückenhafter Zaun, der unser Grundstück von einem Buchenwald trennte, viele Möglichkeiten der Flucht bot.

Ich geriet in Panik. Meine Knie begannen zu zittern. – Panik überträgt sich! Das Kaninchen fiepste in seiner Angst laut und durchdringend. Wie sehr hoffte ich, es würde sich ergeben. Aber es kam anders: es schlüpfte durch den Zaun!

Ohne viel zu überlegen, kletterte ich bloßfüßig darüber – und übersah dabei, daß oben ein Stacheldraht gespannt war…

Ich erwischte den Ausreißer schließlich doch. An Händen und Füßen wund, hatte auch ich Zeichen der Verfolgung davongetragen, und am Zaun hingen Büschel brauner Kaninchenhaare.

Nein, ein Kaninchen sei zu schnell, zu unberechenbar, brachte ich nur schwach über die Lippen. Ein Meerschweinchen hingegen…

Doch mein Sohn wollte nur ein Kaninchen – nichts anderes.

Es wurde dann auch ein Zwergkaninchen. Sein Fell ist blaugrau, ein weißer Fleck auf der Stirn teilt sein Gesichtchen wie eine Gretelfrisur. Seine Pfötchen sind weiß, und ein winzig kleines helles Fleckchen zeigt die Stelle seines Nabels an. Es gehört der Rasse der Holländer an. Ich habe es ausgewählt, weil es mir ganz besonders gefiel.

Sein Name ist Ginkerl-Gonkerl-Minkerl-Maunkerl. Aber er hört auch auf Abkürzungen wie Gonkerl oder Maunkerl.

Wir bauten ein Gehege für den Garten, montierten auch oben ein Gitter, damit es nicht herausspringen konnte. Im Wohnzimmer wurde ein weißes Kästchen zum Stall umgebaut. In die eine Ecke breitete ich Heu ein, in die andere stellte ich ein Katzenklo mit Streu. Kaninchen machen immer auf die gleiche Stelle; das und vieles mehr las ich in einem Buch, das ich besorgte, damit wir nicht wieder einen so folgenschweren Fehler begehen würden.

Aber in dem Buch stand nicht, wie man Kaninchen zu Freunden erziehen konnte.

Maunkerl

Ich hatte gewisse Vorstellungen, was Kaninchen brauchten und was *uns* gehörte...

Zum Beispiel die Bettzeugkiste im Kinderzimmer:

Mein Sohn verstaute darin seine Daunendecke. Die Daunendecke war weich und warm. Aber bald stank sie, denn Maunkerl markierte sie mit seinem Urin. Aus dem Buch hatte ich schon erfahren, daß Kaninchen alles in ihrem Revier, und dazu gehörten sichtlich die Daunendecke und die Kiste, entweder mit ihren Duftdrüsen am Kinn, mit ihrem Urin oder mit Kotkügelchen versehen. Alle Kaninchen in der Umgebung sollten wissen, daß die Bettzeugkiste samt Inhalt ab nun ihm gehörten! Nur *ich* wollte es nicht begreifen. Und weil ich es nicht zur Kenntnis nehmen wollte, biß er aus Zorn riesengroße Löcher in die Daunendecke.

Schließlich breitete ich eine alte Wolldecke hinein und ließ die Daunendecke auf dem Bett liegen. Die Bettzeugkiste hatte er erobert, den Kampf um die Daunendecke hatte er verloren.

Maunkerl lehrte mich auch, nur kurze Telefongespräche zu führen. Läutete nämlich das Telefon, so war er auch schon in meiner Nähe. Ich schmiegte mein Ohr an den Hörer, redete mit dem Hörer...Eifersüchtig riß er währenddessen die Tapete von der Wand und ließ mich dabei nicht aus den Augen.

Natürlich war mir das nicht einerlei. Und weil Kaninchen Gewohnheitstiere sind, wiederholte er es bei jedem Telefonat.

Kaninchen sind neuen Situationen gegenüber sehr mißtrauisch. Spielzeug, das im Weg liegt, wird mit den Zähnen gefaßt und weggeschleudert. Alles, was leicht zu zerkleinern ist, wird zuverlässig zu Müll verarbeitet. Von schlechten Gewohnheiten sind sie nur sehr schwer abzubringen.

Von Zeit zu Zeit klebte ich neue Tapetenteile an die nackten Stellen unserer Wände, und mein Mann besserte abends die Stromleitungen aus; kurz, wir hatten das Ärgste überwunden.

Dann, als Maunkerl und ich Stück für Stück unserer Einrichtung durchgenommen hatten, was *ihm*

und was *uns* gehörte, zogen wir in das Haus, in dem wir heute noch wohnen. Hier begann die mühevolle Arbeit und der Kampf um Möbelstücke, Teppiche, Blumen, Kabel…erneut. Das Haus ist größer und hat viel mehr Wände mit Tapeten, mit viel Platz für Teppichfransen und im Weg liegende Spielsachen und Kabel…

Doch der Garten hat einen festen Holzzaun.

Aber schon am zweiten Tag wußte Ginkerl-Gonkerl-Minkerl-Maunkerl einige Stellen, wo er unten durchschlüpfen konnte. Triumphierend wartete er, daß ich auf sein Verschwinden aufmerksam würde. Es war mit großer Mühe verbunden, das flinke Tier wieder in den Garten zu treiben. Das wurde unser neues Spiel.

Ich hatte mich schon daran gewöhnt, mich ausschließlich mit dem Kaninchen zu beschäftigen. Doch unmittelbar hinter der Böschung befindet sich die Straße: ein sehr gefährliches Spiel also! Unter viel Mühe und tagelanger Arbeit ging ich schließlich daran, unten am Holzzaun ein Gitter anzuheften, das bis zum Erdboden reichte und ein Durchschlüpfen unmöglich machte. Rund um den ganzen Garten, vier lange Seiten…doch stolz trug ich diesen Sieg davon.

Aber es gab noch ein Problem: Sobald ich im Garten zu graben begann, grub Maunkerl mit. Dann umkreiste er mich brummend, was heißen sollte: Du bist mein Partner. Doch da ich kein Kaninchenweibchen bin, nahm ich den kleinen Kerl nicht ernst genug. Das war ein großer Fehler, denn Kaninchen verstehen keinen Spaß. – Katzen und Hunde verstehen Spaß, lassen sich gerne necken. Wie alle Raubtiere haben sie auch Freude an Kampfspielen. Kaninchen aber müssen ihrer Nahrung nicht nachhetzen, sie nicht erlegen. Kampf- und Spieltrieb sind ihnen artfremd. So ist Spaß für sie etwas, was sie nicht kennen und womit sie nicht umgehen können.

Es gefiel mir, wie Maunkerl brummend um mich herumlief, aber ich konnte nichts für ihn tun. So wurde er deutlicher in seiner Körpersprache: er bespritzte mich von unten bis oben mit Urin.

Sowie ich mich ans Umgraben oder Jäten machte, kam er angerannt, um seine Markierung an mir zu erneuern. Das einzige Ergebnis war, daß ich immerzu nach Kaninchen stank! Ein Zustand, der bald unerträglich wurde.

Sicher, ich hätte die Möglichkeit gehabt, meine Beete unberührt zu lassen. Aber ich habe einen anderen Schritt gewählt: Ich ließ ihn kastrieren.

Jede Operation ist ein Risiko, und ob sie den gewünschten Erfolg brächte, konnte mir der Tierarzt nicht versprechen. Er hatte keine Erfahrung mit *so frei* lebenden Kaninchen.

»Kaninchen hält man eben im Käfig, dann kann so etwas nicht passieren«, gaben mir erfahrene Kaninchenzüchter zu bedenken.

Aber ich wollte nun einmal eines so frei wie irgend möglich, das hatte ich mir fest vorgenommen.

Schon nach kurzer Zeit änderte sich Maunkerls Verhalten. Es gab kaum noch Probleme mit ihm, wir wurden richtige Freunde.

Ein Kaninchen kommt selten allein

Ein Bekannter hat seine Kaninchen zu Zuchtzwecken in mehreren aneinandergrenzenden Gehegen untergebracht. Nach Art der wilden Kaninchen legte eines der Weibchen einen richtigen Kaninchenbau an. Es grub tiefe Gänge, die es nach außen so verschloß, daß sie wie abgeflachte Maulwurfshügel aussahen. Im Innern grub es eine Kammer, wo es die Jungen versteckte. Kaninchen sind – zum Unterschied von Hasen – blind, nackt und hilflos, wenn sie zur Welt kommen. Hasen werden in kleinen Grasmulden geboren und müssen vom ersten Moment an flüchten können.

Von den Kaninchenjungen sieht man viele Tage nichts. Die Mutter säugt sie nur, wenn sie ganz sicher ist, daß sie nicht beobachtet wird.

Als die Kaninchenmutter eines Tages ihre Kinder aus dem Bau ans Tageslicht brachte, waren sie nicht mehr nackt und hilflos. Sie sahen ganz allerliebst aus.

Die kleinen Kaninchenkinder hatten es mir angetan, und Maunkerl brauchte einen Gefährten. Ich wählte ein weibliches Tier, was nicht ganz einfach war, weil das Geschlecht junger Kaninchen schwer festzustellen ist.

Zu Hause kamen mir allerdings Bedenken, ob ich es nicht zu früh von der Mutter getrennt hatte, denn es fraß nicht so, wie ich es für nötig hielt.

Ich brachte das Kaninchen zu der Mutter zurück und wollte es noch ein oder zwei Wochen in ihrer Obhut lassen. Es hatte aber schon fremden Geruch an sich, nämlich den von Maunkerl, der es aufmerksam beschnuppert hatte.

Fremder Geruch bedeutete Gefahr, Gefahr für die Jungen!

Die Mutter war denn auch nicht bereit, das Junge wieder anzunehmen, vielmehr jagte sie wie wild das eigene, fremd gewordene Kind. Es blieb mir nichts anderes übrig, als das verstoßene Junge wieder mitzunehmen.

Murli, so hieß das kleine Kaninchen, war ganz anders als Maunkerl. Sie wurde mir nie so vertraut, obwohl ich sie so jung bekam. Vielleicht auch deshalb, weil sie von Anfang an einen artgleichen Gefährten hatte.

Als Murli dann meine Teppiche zu zernagen begann, damit Nester baute und trotzdem keine Jungen bekam, ließen wir sie zweimal mit Erfolg decken – das heißt, wir brachten sie mit einem Kaninchenmann zur Paarung zusammen.

Wir konnten sodann die Aufzucht der Jungen genau beobachten. Bevor sie ausgewachsen waren, suchten wir gute Plätze für sie. Das ist das Schwerste!

Nachdem Murli starb, saß Maunkerl drei Tage an dem Platz, an dem ich sie begraben hatte. Solche Art der Trauer habe ich auch bei Hühnern und bei Gänsen erlebt.

Stoffl, einer von Murlis Jungen, war zu einem Freund meines Sohnes namens Klaus gekommen, der ihn liebte und gut für ihn sorgte. In der Wohnung durfte Stoffl ab und zu frei herumlaufen. Zum Wochenende war er in einem Gehege in einem Garten untergebracht.

Aber Klaus wurde älter und hatte immer weniger Zeit, sich um sein Kaninchen zu kümmern. Wir beschlossen also, Murlis Sohn zu uns zu nehmen.

Das erwies sich jedoch als gar nicht so einfach, denn Stoffl war kein Baby mehr. Er war ein Rivale, ein Eindringling. Wilde Kämpfe folgten, und ich mußte immer zur Stelle sein, um zu schlichten. Nach ein paar Tagen legte sich der Streit, und die beiden Kaninchen wurden wieder sanft und friedlich.

Heute gehen sie gemeinsam mein Blumenbeet schädigen. Sie versuchen immer Augenkontakt zu halten, wenn sie im Garten sind, lassen sich zu zweit leichter davon überzeugen, daß es Zeit ist, ins Haus zu gehen, schlafen zusammen, putzen einander das Fell.

Lohn der Mühe

Die gewonnene Vertrautheit zwischen mir und Maunkerl zeigt, daß sich all meine Bemühungen tausendfach gelohnt haben.

Morgens öffne ich die Schlafzimmertür, und Maunkerl kommt zu mir ins Bett, in meine rechte Armbeuge. Dann streichle ich zärtlich über seinen Nasenrücken, küsse ihn und flüstere ihm geheime Zärtlichkeiten zu. Er leckt fürsorglich mein Kinn und schläft dann eng an mich geschmiegt. Abends hüpft er zu mir aufs Sofa und legt sich neben mich. Arbeite ich nachts, so ruht er zu meinen Füßen. Erst wenn ich ins Bett gehe, hoppelt er die Treppe in den obersten Stock hinauf, um vor meiner Tür die Nacht zu verbringen.

Ich bin – zu Recht, meine ich – stolz, daß meine Kaninchen keinen Käfig haben. Sie bewohnen frei Haus und Garten. In jedem Stockwerk gibt es ein »Hasenklo«, und ich behaupte: sie sind zimmerrein. Mein Mann ist da anderer Meinung, aber er versteht die Sprache der Kaninchen nicht so wie ich.

Stoffl macht nämlich öfters eine Lacke vor die verschlossene Eingangstür. Was natürlich so aussieht, als hätte er den Weg zum Kistchen vergessen. Es ist aber nur ein Protest gegen die verschlossene Tür.

Kaninchen lieben offene Türen. Im Winter führt diese Vorliebe zu Meinungsverschiedenheiten zwischen uns. Weil unsere Kaninchen auch im Winter in

den Garten wollen, wenn auch nur für kurze Zeit, und ich aus verständlichen Gründen hinter ihnen die Tür schließen möchte, gibt es ein stilles Abkommen zwischen dem Maunkerl und dem Stoffl: Einer von beiden bleibt auf der Türschwelle sitzen, während der andere draußen herumrennt. Auf diese Weise ist es fast unmöglich, die Tür zu schließen. Aber ich gehe nicht darauf ein; »entweder – oder«, beharre ich standhaft.

Wenn einer von ihnen wieder ins Haus möchte, wartet er geduldig vor der Tür. Und weil sie nicht maunzen wie Katzen oder bellen wie Hunde, muß ich öfters nachsehen, ob es schon soweit ist. An Regentagen bleiben sie gerne im Haus. Will ich fortgehen, möchte ich sie nicht im Garten wissen. Sie könnten für Raubvögel, fremde Katzen oder Füchse eine leichte Beute sein. Mit einem Besen, der mir als verlängerter Arm dient, lenke ich sie in Richtung Haus, treibe sie nicht unnütz und fuchtle nicht wild herum. Und ich sage immer dieselben gewohnten Worte: »Schlafen gehen.«

Im Umgang mit Tieren ist es wichtig, immer den gleichen, vertrauten Tonfall zu wählen, die gleichen Worte zu benutzen und die gleichen Gesten beizubehalten. Tiere merken an der Stimmlage und am Ausdruck unseres Gesichts, wie unsere Laune ist.

Maunkerl ist nun schon über zehn Jahre alt. Ein hohes Alter für Kaninchen. Nach ihm wollte ich keines mehr, denn keines könnte ihn ersetzen.

Jetzt, kurz nach Ostern, hoppelt ein drittes Langohr durchs Gras. Es ist Bennie. Ich sollte ihm »einen guten Platz vermitteln«. Und da kein Platz so gut ist wie bei uns, ist er geblieben.

Bennie ist ein Widder, das sind Kaninchen mit Hängeohren. Aber ein Ohr hält er öfters steil nach oben gerichtet, seiner Rasse zum Trotz.

Im Haus hüpft er vorerst nur in der Küche herum. Dort stehen ein Heukistchen für die Kaninchen, Futter und Wasser. Einstweilen ist er mit seiner Umgebung und seinem Auslauf noch restlos zufrieden. Und ich habe wie damals, als ich mir das fremde Kaninchen ausborgte, das Gefühl, ganz Herr der Lage zu sein.

Wir werden ja sehen…

Seltsame Tierfreundschaften

Freundschaften zwischen Tieren sind dauerhaft, Tiere sind treu.

Ukas, der alte Hund, und Maunkerl waren bald gute Freunde.

Sie kuscheln sich zusammen und lecken einander das Fell.

Der Hund hat schon einen schlechten Geruch aus dem Maul. Wenn er dem Maunkerl liebevoll das Fell leckt, kann man sehen, wie das Kaninchen versucht, den Atem anzuhalten. Aber es würde ihm nie einfallen, einfach wegzuhoppeln.

Eine besonders innige Freundschaft hat es auch zwischen Murli und einem meiner Schafe gegeben.

Das Schaf kam noch jung zu uns, und Murli, das Kaninchen, fühlte sich für das Schaf verantwortlich. Murli fand es mühelos aus der kleinen Herde heraus und wartete, bis sich das Schaf zu ihm herunterbeugte. Dann wurde sein Kopf bis hinter die Ohren sehr gründlich Fleckchen für Fleckchen geputzt.

Täglich konnte man das gleiche Schauspiel beobachten. Ich habe kaum eine rührendere Fürsorge gesehen. Das änderte sich auch nicht, als Schnucke, das Schaf, erwachsen war.

Schmuseschafe

Als meine Ziege Dorli starb, war ich sehr traurig.

»Ziegen sind empfindlich«, sagte man mir.

Dorli starb, weil sie von giftigen Kräutern gefressen hatte.

»Junge Ziegen fressen alles in sich hinein«, sagte man mir.

»Hättest eben doch ein Schaf nehmen sollen«, sagte man mir.

Aber mir gefielen Ziegen nun einmal besser. Und welches Schaf wäre schon mit mir auf dem Streckbett in der Wiese gelegen, hätte auf der Küchenbank geduldig gewartet, bis ich mit meiner Hausarbeit fertig war? Welches Schaf wäre ohne das Geschirr zu zerschlagen über den Tisch gesprungen – ja, welches Schaf wohl?

»Ein Kamerunschaf«, sagte man mir.

»Kenn' ich nicht, wo gibt es die?«

»In Kamerun oder in Schönbrunn«, sagte man mir.

Und wirklich – die Kamerunschafe gefielen mir. Der Tiergarten Schönbrunn verkauft auch Tiere an Leute wie mich!

»*Ein* Schaf allein ist arm«, sagte der Verwalter von Schönbrunn.

Aber *zwei* Schafe brauchen doppelt so viel Platz, mein Stall ist klein, meine Weide ist klein…

»Kamerunschafe sind auch klein. Zwei Tiere der gleichen Rasse zu halten ist vernünftiger, als eines der Einzelhaft auszusetzen«, sagte man mir. Das wußte ich schon.

Wir bekamen dann schließlich zwei – nach einiger Wartezeit, denn Schnucke, das kleinere Schaf, wurde noch gesäugt und mußte erst entwöhnt werden, um es von der Mutter zu trennen.

Heide, das größere Schaf, war die ältere Schwester von Schnucke. Beide waren schwarz.

Ich wollte die beiden Schafe auf einem eingezäunten, steilen Hang halten, um mir das mühevolle Rasenmähen zu ersparen (was natürlich nur ein Vorwand war).

Oftmals am Tag ging ich zu ihnen hinunter, streichelte ihnen über die weiche Nase, rieb Heides Bauch, worauf sie genußvoll tiefer und tiefer sank, bis sie schließlich auf meinem Schoß saß. Bald konnte sie auf Kommando »Schoß sitzen«.

Dann fiel mir auf, daß beide Schafe aus Übermut auf allen vieren gleichzeitig hüpfen konnten. Manchmal öffnete ich das Tor zu unserem Garten, ließ die Schafe ein und sprang ihnen auf meinen zwei Beinen *meine* Freude vor. Bald brauchte ich ihnen nur ein paar Sprünge vorzumachen, und schon hopsten sie wie Gummibälle umher.

Diese Vorführung brachte sogar die ernsthaftesten Besucher zum Lachen.

Die Schafe fanden es bald nicht mehr interessant, ein separates Grundstück zu bewohnen, und mit dem »Rasenmähen« klappte es auch nicht so, wie wir uns das vorgestellt hatten. Sie fraßen nur das Beste, das »Unkraut« ließen sie stehen. Das begann so richtig zu wuchern.

Eines Morgens, als ich die Stalltür öffnete, begrüßte mich Heide mit einer ganz kleinen Überraschung: sie hatte ein braunes Lämmchen geboren!

Es war noch naß und klebrig, gerade aus dem Mutterleib gerutscht. Als ich Heide zu uns nahm, mußte sie schon trächtig gewesen sein.

Ich war vor Aufregung ganz außer mir.

Mein erster Weg war zum Telefon, um den Mann anzurufen, der mir die Schafe eingeredet, Ziegen ausgeredet hatte.

Er kam, besah sich das Lämmchen, gratulierte mir und ließ mich ratlos zurück. Waren zwei Schafe schon fast zu viel für das kleine Grundstück, so waren drei Schafe natürlich viel zu viel. Aber darüber wollte ich in diesem Moment nicht nachdenken.

Das Lämmchen bekam den Namen Alice.

Jetzt gab es für mich noch einen Grund mehr, den Kontakt zu den Schafen zu vertiefen. Hatte ich ein wenig Zeit, ließ ich sie in meinen Blumengarten. Mußten sie auf ihrer Weide bleiben, standen sie am Zaun und brüllten nach mir, als würden sie vor Hunger und Langeweile sterben.

Schafe machen »Bäh…«.

Meine Schafe machten »Bäääääähhhhh«, dreistimmig!

Eine Zeitlang war ich bemüht, mich zwischen meiner Arbeit und der Beschäftigung mit meinen Schafen aufzuteilen. Aber sie wurden immer maßloser, forderten alles von mir: meine Zeit, meine Blumen, meine Sträucher, die Trauerweide bis zu einer Höhe von einem Meter zwanzig. Sie fraßen zuerst das Grün, dann das Rosa, Weiß, Gelb, Rot, Blau. Dann schälten sie die Rinde von den Stämmen. Mein Garten wurde braun.

Die Schafe beherrschten mich. Sie waren eine Plage!

Ich versuchte eine Weide in der Nähe zu pachten, aber kein Bauer wollte verzogene Schmuseschafe.

Sie leben jetzt schon einige Jahre im Tiergarten Wolfsgraben, hinten beim Damwild. Sie verhalten sich vollkommen unauffällig. Niemand beachtet sie sonderlich.

Wenn ich den Weg zu ihnen hinaufgehe, ist es still, gottvoll still. Und dann rufe ich ihre Namen… »Bäääääähhhhh! Bäääääähhhhh! Bäääääähhhhh!« antwortet es mir!

Schön, daß sie mich nicht vergessen haben.

Was ich daraus gelernt habe? – Daß einmal erlaubte Freiheiten erworbene Rechte sind.

Ehe ich heute einem Tier etwas erlaube, bedenke ich auch möglichst alle Folgen, die sich daraus ergeben könnten.

Katzenkinder

In unserem Haus gibt es keine Rangordnung. Alle sind gleichgestellt, keiner gilt mehr als der andere.

Das friedliche Zusammenleben wurde jedoch erheblich gestört, als Garfield einzog.

Garfield war ein roter, wunderschöner Kater, Sohn einer Perserkatze und eines Straßenkaters.

Seine Mutter war von stolzem Adel, sein Vater vom Bauernhof.

Die Mutter lebte im Haus und ging nur selten aus. Die Katzenkinder durften nicht zu ihr hinein, der Vater auch nicht. Als ich Garfield abholte, saßen er und seine Schwester allein auf der Türmatte. Die Mutter schlief auf dem weichen Sofa im Haus.

Mit Garfield wurde alles anders.

Die Kücken wurden gejagt, die Vögel durften nicht mehr aus ihren Käfigen, der alte Hund hatte sein Körbchen zu teilen.

Trotz alledem mußte ich feststellen, wie leicht Katzen zu halten sind im Vergleich mit Kaninchen – sieht man davon ab, daß Katzen prinzipiell auf allen Möbelstücken »rumliegen«, alles Eßbare ihnen gehört, und sie immer auf ihrem Lieblingsplatz beharren, sei es die frisch gebügelte Wäsche im Korb oder der Puppenwagen von Birgit, meiner Tochter, oder die Zeichnungen dieses Buches auf meinem Schreibtisch.

Birgit liebte Garfield.

Die größte Gefahr für unsere Katzen war und ist die Straße, die dicht an unserem Haus vorbeiführt.

Sowohl Garfield als auch der Kater, der ihm nachfolgte, wurden überfahren.

Danach wollten wir keinen neuen Versuch mehr wagen. Aber Birgit liebte nun einmal Katzen über alles. Und weil wir Birgit über alles lieben, wurde die entstandene Lücke in unserem Tierbestand bald wieder gefüllt.

Birgit suchte sich ihre Katze selber aus. Es war Liebe auf den ersten Blick.

Margrit erhielt ihren Namen, weil sie so weiß ist wie die Blüten der Margerite. Sonst hat sie nichts Außergewöhnliches an sich. Ein paar schlichte schwarze Flecken zieren ihren Körper und den Schwanz, den sie immer stolz erhoben trägt.

Birgits Wahl haben wir nicht bereut. Die Katze ist anschmiegsam und folgsam. Morgens beim Frühstück sitzt sie neben Birgit und schaut ihr beim Essen zu. Ihr Lieblingsplatz ist auf meiner Schulter. Wenn ich im Garten über meine Beete gebückt stehe oder im Stall nach den Futterschüsseln greife, springt sie mir lautlos auf die Schulter. Ich trage sie mit mir, solange es uns Spaß macht.

Margrit gibt acht, wenn sie die Straße überquert. Wenn unsere Tochter krank ist, liegt auch die Katze mit ihr im Bett. So ist Kranksein einfach erträglicher.

Familienglück

Eines Tages stellte Birgit fest, daß Margrit so traurig sei. Sie brauchte einen Mann!

Ich erklärte ihr, daß es überall in der Gegend nur so von Katern wimmelte und Katzen ihre Wahl alleine treffen.

Nun, dann brauchte sie Kinder.

Also sollte Margrit einmal glückliche Mutter sein dürfen.

Katzen tragen 65 Tage.

Einige Tage vor der Geburt ihrer Kätzchen stellte ich ihr einen Wäschekorb mit weicher Decke an einen geschützten Platz und setzte sie hinein, damit sie ihre Kätzchen zu Hause bekäme. Sie beschnupperte den Korb aufmerksam und hüpfte wieder heraus. Viel lieber wäre ihr die unterste Lade der Kommode gewesen, zeigte sie mir. Schließlich begnügte sie sich dann doch mit dem weichen Körbchen.

Ich durfte bei der Geburt dabeisein. Die Katze schnurrte, wenn ich ihr beruhigende Worte zuflüsterte.

Die Geburt selber dauerte außergewöhnlich lange, von neun Uhr abends bis halb fünf Uhr früh, und forderte viel Kraft von ihr. Dann war das letzte der vier Katzenbabys geboren. Müde ging schließlich auch ich in mein Körbchen.

Margrit fand, daß ich ebenfalls einen Teil der Mutterschaft zu übernehmen hätte.

Ging sie auf Jagd, brachte sie mir ihre Kätzchen zum Beaufsichtigen. Natürlich war ich stolz, so vertrauenswürdig zu sein, trat aber gerne meiner kleinen Tochter einen Teil der Verantwortung ab. Wir zogen sie gemeinsam auf.

Als die Kätzchen das Katzenklo benutzten, meist alle zur gleichen Zeit, und ihre Mahlzeiten größtenteils aus Fleisch bestanden, schrumpfte mein Haushaltsgeld schneller, als mir lieb war. Wir brauchten eine Unmenge Streu, denn Katzen sind sehr saubere Tiere. Stinkt der Sand einmal, gehen sie lieber daneben, als daß sie sich die Pfötchen schmutzig machen.

Alle vier Kätzchen waren von unterschiedlichem Temperament.

Sebastian, der Erstgeborene, war von Anfang an der Empfindsamste, zugleich der Ruhigste.

Dann kam Hannibal, der Schlimmste.

Der dritte war Florian; der Prächtigste unter ihnen. Er ist eine wahre Schönheit.

Das Katzenmädchen Hermi war die letzte. Ihr Wesen ist dem der Mutter sehr ähnlich.

Es war ausgemacht: eines der Katzenkinder sollte Birgit behalten dürfen. Für die drei übrigen mußte ein guter Platz gefunden werden. Es blieb uns nur noch, die Wahl ein wenig zu steuern.

Hermi war lieb, aber wir wollten, wenn überhaupt, einen Kater.

Sebastian und Florian kamen in die engere Wahl, denn lebhaft geht es bei uns ohnehin meistens zu.

Basti blieb.

Die Verantwortung, die uns die Mutter auferlegt hatte, ist uns bis heute geblieben. Basti ist unser gemeinsames Kind.

Margrit putzt sein Fell, bringt ihm Mäuse und setzt sie vor seine Nase. Sie hetzt hinter ihm her, wenn er zu faul ist, und schmiegt sich zärtlich an seinen Körper, wenn sie nebeneinander schlafen. Birgit spielt mit ihm Eisenbahn, klettert mit ihm auf Bäume, nimmt ihn mit in ihr Kinderhaus. Wenn sie weint, kommt er sie trösten.

Doch wenn er sich verletzt, kommt er zu mir.

Wir lieben ihn alle. Er ist unser Baby. Er rollt seine Kügelchen durchs Haus, trägt sie im Maul bis zu seinem Körbchen und legt sie dort hinein. Wenn wir zu ihm sprechen, schaut er uns aufmerksam an. Er scheint jedes Wort zu verstehen.

Irgendwie hat er meine Erziehung besser angenommen als meine Kinder.

Max und Moritz, die Waisenkinder

Ihre Mutter war eine alte, scheue Katze, die nie das Versteck ihrer Kinder verriet, damit sie ihr nicht weggenommen werden konnten. Erst wenn sie mit ihnen zur Fütterung kam, zeigte sie ihre Jungen, nicht ohne Stolz.

Doch eines Tages maunzte sie ganz jämmerlich ihre Besitzerin an. Sie lockte, sie ging immer einige Schritte vor, drehte sich um, maunzte wieder. Jetzt erst konnte man sehen, daß die Katze sehr schwer verletzt war. Sie konnte ihre Jungen nicht mehr versorgen, mußte ihr Versteck preisgeben und menschliche Hilfe annehmen. Danach ist sie verschwunden. Sie ist nicht mehr zurückgekommen. Scheue Katzen sterben einsam.

Aber kleine Kätzchen aufzuziehen erfordert viel Zeit, und zwar rund um die Uhr. Die letzte Mahlzeit sollten sie spät in der Nacht bekommen, die erste, wenn es hell wird. Tagsüber immer dann, wenn sie aufwachen.

Wer hat schon so viel Zeit? – Also fragte man mich.

Ich habe sie zwar auch nicht, aber man hat immer so viel Zeit, wie man sich nimmt…

Meine Schwägerin und ich teilten uns schließlich die Arbeit der Aufzucht. Sie übernahm die Nachtschicht, ich sorgte tagsüber für die Kätzchen.

Nach Rücksprache mit der Tierärztin kauften wir

Kindersäuglingsnahrung. Die Kätzchen waren damals zwei Wochen alt, und ihre Augen waren noch geschlossen.

Von meiner Tochter hatte ich ein kleines Puppenfläschchen, das füllte ich mit Babynahrung und versuchte nun, die Kätzchen damit zu füttern. Die erste Mahlzeit endete mit einem Vollbad, aber irgendwie bekamen sie doch die kleinen Mägen voll.

Ihre Namen gab ihnen Birgit: Max und Moritz.

Max war nicht nur größer und dicker, er war auch rundherum robuster. Moritz hatte von Anfang an verklebte, entzündete Augen, die mehrmals täglich mit Borwasser und Kamillentee gereinigt und gewaschen werden mußten. Nach jeder Mahlzeit waren ihre Bäuchlein zu massieren und mit einem feuchten Schwamm (der der Zunge der Katzenmutter noch am ähnlichsten ist) zu »lecken«. Dann erst können so kleine Kätzchen Darm und Blase entleeren.

Auch solche Tätigkeiten muß man übernehmen.

Wurden sie nicht gerade gefüttert oder geputzt, wollten die Kätzchen Wärme und Fürsorge. In ihre Schachtel breiteten wir weiche Tücher ein, unter die wir einen warmen Thermophor legten. Der sollte natürlich nie auskühlen. Über die Schachtel kam eine Decke, damit sie es dunkel und geschützt hatten.

Die ersten Tage waren sie mit gelegentlichen Streicheleinheiten noch zufrieden, danach nicht mehr.

Ich hoffte, daß Margrit die Katzenjungen wärmen und umsorgen würde, denn sie war eine gute Mutter und säugte Basti über ein halbes Jahr.

Margrit beschnupperte die kleinen Katzenkinder nur.

»Nicht schon wieder!« mag sie sich gedacht haben, oder: »Das sind aber nun wirklich *deine* Kinder.«

Völlig unerwartet bekamen wir dann doch noch die große Hilfe, nämlich von Basti!

Jede Schachtel, jedes Körbchen, das herumsteht, wird von Basti probegelegen. Wir fanden ihn schon in der kleinsten Schuhschachtel, im Brotkörbchen, in großen Blumentöpfen… Alles, was eine einladende Form hat, wird ausprobiert.

Die Schachtel mit den kleinen Katzen hatte eine sehr einladende Form und eine weiche Decke.

Und weil Basti solch ein Plätzchen über alles schätzt, nahm er die zwei Quälgeister in Kauf. Sie suchten bei ihm vergeblich nach vollen Zitzen, saugten an allen möglichen und unmöglichen Stellen seines Körpers, und er leckte sie und bot ihnen Wärme. Stolz blickte er uns an, wenn wir ihn lobten, und das taten wir über die Maßen.

Als die beiden dann anfingen, auch Fleisch zu fressen und aufs Kistchen zu gehen, war unsere Arbeit zufriedenstellend beendet. Sie kamen zu einer Familie mit zwei Kindern.

Was hatten wir nun endlich wieder Zeit für uns! Sogar die Leute im Schwimmbad fragten nach Max und Moritz, denn auch dorthin gingen wir stets nur mit Fläschchen, Thermophor, Decke, Schwamm, Sonnenschirm und der Schachtel mit Max und Moritz. Nur Basti mußte zu Hause bleiben und auf seine Schachtel warten.

Auch mit Max und Moritz war nicht immer alles glatt gegangen. Zumindest einmal hatte es eine ernsthafte Krise gegeben.

Es war in der dritten Woche, als beide Kätzchen so verstopft waren, daß sie trotz unserer Schwammmethode, die sonst immer gut funktionierte, keinen Stuhl mehr hatten. Am zweiten Tag holte ich mir Rat bei unserer Tierärztin. Zwei- bis dreimal mußte ich ihnen nun einen Einlauf mit Paraffinöl machen, bis der Darm wieder »in Bewegung kam«.

Auch das war gut überstanden, schon Vergangenheit. Doch die Sache hatte uns wieder einmal klargemacht:

Bevor solch eine Pflege übernommen wird, muß man sich über die Tragweite des Entschlusses annähernd klar sein. Ich sage bewußt »annähernd«, denn nicht alles läßt sich vorhersehen. Aber in jedem Fall hat man dann dafür zu sorgen, daß das »möglichste« getan wird. Das heißt, die nötigen Informationen einzuholen oder das Tier zu einem Tierarzt zu bringen, um sich Rat zu holen, und das kranke Tier wenn nötig behandeln zu lassen.

Überleben

Im Frühjahr gibt es oft Jungtiere, die Hilfe brauchen: Vögel, die bei Sturm aus den Nestern fallen und so zur sicheren Beute für Katzen und Raubvögel werden, oder wenn, wie bei Max und Moritz, die Mutter verendet.

Ein ähnliches Schicksal erlitten drei kleine Igel, deren Mutter durch Rattengift gestorben war.

Sie waren schon unterkühlt, schwach, und einer hatte bereits Maden in seiner Haut. Ein sicheres Zeichen für den nahenden Tod. Die Fleischfliegen legen ihre Eier entweder in Wunden oder ins Fleisch sterbender Tiere. Schlüpfen die Maden, sind sie auch schon an der richtigen Futterquelle. Der Tod ist für die befallenen Tiere qualvoll, den Maden ermöglicht jedoch ihr Tod das eigene Überleben.

Solche Erlebnisse möchte ich euch nicht vorenthalten. Oder wollt ihr immer nur einen Teil der Wahrheit hören?

Leben und Tod stehen eng nebeneinander.

Tiermütter lassen schwache Junge zurück, um ihre starken zu retten. Die schwachen fallen anderen Tieren zum Opfer, die ebenfalls ihre Jungen zu füttern haben. Selbst so harmlose Krankheiten wie etwa eine Augenentzündung können zum Tod führen, denn, geschwächt, wird das Tier zur leichten Beute für natürliche Feinde.

Aber die Natur ist nicht grausam, sie ist wachsam!

In der Nahrungskette darf nichts verlorengehen. Wer in der freien Natur überleben will, muß stark sein. Schwache haben den Kampf schon halb verloren.

Für sie nehme *ich* ihn wieder und wieder auf und habe ihn oft verloren...

Aber die drei Igel konnten wir retten und nach gelungener Aufzucht der Natur zurückgeben.

Und so machten wir es:

Wir entfernten vorerst die Maden vorsichtig mit Zahnstochern und badeten die unterkühlten Tiere in lauwarmem Wasser.

Eidotter und Traubenzucker, in Wasser verdünnt, reichten wir ihnen auf Fingerspitzen.

Unmittelbar danach hatte ich ein umfangreiches Merkblatt der Zoologischen Gesellschaft Frankfurt am Main über die Haltung von kranken und schwachen Igeln in Händen.

Ihr Speiseplan war reichlich lecker: Topfen (Quark) mit Obst, Faschiertes (Hackfleisch), Hühnerinnereien, ab und zu ein Eidotter, Futterkalk für den Knochenbau und ein Multivitaminpräparat zweimal wöchentlich. Kurz bevor wir sie auslassen konnten, besorgte ich auch noch Mehlwürmer, um sie an »lebende Nahrung« zu gewöhnen.

Tagsüber waren sie in Maunkerls Gehege, das ohnehin nicht mehr gebraucht wurde. Nachts versauten sie mir die Küche! Sie benutzten zwar die aufgebreiteten Zeitungen als Toilette, aber da Igel nachtaktiv sind und in Freiheit große Strecken zurücklegen, kamen sie oft am Futter vorbei, latschten darüber hinweg und bekleckerten alles.

Morgens, in aller Herrgottsfrühe, begrüßten sie mich freundlich, und ich hatte manchmal Mühe, ihre Fröhlichkeit zu erwidern. Aber natürlich wollte ich nicht, daß sie Lähmungserscheinungen bekamen, und das konnte passieren, wenn man ihnen nicht die Möglichkeit zum Auslaufen gab.

Kam mein Mann barfuß in die Küche, stürzten sie auf ihn zu, bissen ihn in die nackten Zehen und sprangen ihn mit aufgestellten Borsten an, daß seine

Schmerzensschreie weit zu hören waren. Ich glaube trotzdem, daß sie ihn mochten, denn er mochte sie sehr, und Tiere spüren Sympathie. Es war nur ein Spiel. Auf *meinen* nackten Füßen hingegen wollten sie herumgetragen werden, sie balgten sich um den Ehrenplatz.

Als sie das nötige Gewicht hatten, suchten wir einen geeigneten Lebensraum und überließen sie der Natur.

Kara Kora, das Ungeheuer

Es war an einem Maitag, als sie uns gebracht wurde: ein Häufchen Vogel, der vom Sturm aus dem Nest geblasen worden war. Durch den unfreiwilligen Sturz war ihr Schnabel deutlich verbogen. Was sie in keiner Weise behinderte und mir als Erkennungszeichen diente, wenn ich später nach ihr suchte.

Der Bauch des Vogels war noch nackt, und die paar Federn, die sie hatte, waren auch nicht sehr schmuck. Trotzdem war sie zweifelsfrei den Krähen zugehörig.

Mit der angebotenen Sitzstange konnte die junge Krähe noch nichts anfangen. So traten wir ihr unser Brotkörbchen ab, das fürs erste ihr Nest wurde. Als sie das »Nest« verließ, mußten wir um unsere Habe kämpfen!

Alles, was nicht niet- und nagelfest war, wurde fortgetragen, versteckt, abgezupft. Am meisten interessierten sie die Blüten meiner Fuchsien. Mein Herz hängt sehr an diesen zarten Blüten. Täglich, ja stündlich verloren sie an Farbe und Knospen.

Sie stopfte sie in alle Ritzen und Löcher, die sie nur finden konnte. Sogar die Wahlscheibe des Telefons schmückte sie liebevoll damit. Sie liebte das Telefon. Sie stocherte daran herum und schubste immer den Hörer von der Gabel.

Sie saß gerne auf meiner Schulter, bohrte mir zärtlich im Ohr herum und brabbelte leise Töne hinein.

Später hopste sie dann »einen Ast höher«, auf meinen Kopf. Sie legte mir die Haare kreuz und quer, holte die untersten nach oben, hielt sie mit ihren Zehen und klopfte sie mit dem Schnabel fest an den Kopf, um dem ganzen Gebilde den nötigen Halt zu geben.

Doch absichtlich grob war sie nie. Sie mußte ja lernen, wie ein Nest zu bauen ist.

Und sie mußte auch fliegen lernen…

Jungvögel werden von ihren Eltern gelehrt, ein Ziel anzufliegen und wieder zurückzukommen. Kara Kora flog aus, wohin sie ihre Flügel trugen, und wartete, daß ich sie heimholte.

Ich mußte die höchsten Wipfel erklettern, in einem hohen Kornfeld nach ihr suchen…Zu jener Zeit hatte ich eine fantastische Kondition!

Manchmal schrie sie ihren Namen, Kara Kora, oder sie schwatzte glücklich vor sich hin. Aber es machte ihr auch närrische Freude, mich suchen zu sehen. Völlig starr beobachtete sie dann mich und meine steigende Verzweiflung, um im entscheidenden Augenblick ihren Überraschungsangriff zu starten. Im Sturzflug peilte sie meinen »obersten Ast« an, und ein fester Griff mit den Zehen ermöglichte ihr eine sichere Landung. Das machte Spaß!

Die Ausflugsziele wurden immer weiter, der Heimbringedienst immer mühevoller. Kara Kora hatte da ein Haus ausfindig gemacht, dessen Fenster von ebenso geliebten Fuchsien geschmückt waren. An diesem ihr vertrauten Platz landete sie mit lautstarker Begeisterung. Die Frau, die dort wohnt, ist sehr tierlieb; sie rief mich immer gleich an, wenn der Vogel ankam.

Auf dem Weg zu ihr überflog Kara Kora unsere Volksschule. Kinder mochte sie ganz besonders. Sie waren bunt und fröhlich und verstanden ihre närrischen Spiele. Ihr Instinkt hatte die Zeit des Unterrichtsbeginns bald erfaßt.

Morgens saß sie auf unserer Trauerweide und rief so lange ihren Namen, bis ich das Schlafzimmerfenster öffnete. Verschlief ich ihre Begrüßung, pochte sie ungeduldig an die Scheiben. Dann wurde in der Bettdecke »gebadet«.

Mein Auto war ein fester Bestandteil ihres Besitzes, brachte es sie doch immer wieder nach Hause.

Kara Kora bearbeitete es hingebungsvoll. Sie konnte ohne große Schwierigkeiten die Wischerblätter entfernen, nur leider nicht wieder zurückstopfen. Auf dem Parkplatz unserer kleinen Gemeinde übte sie gewissenhaft…

Eines Tages war sie weg.

Sie fehlte uns sehr.

Sie hat in einer benachbarten Kleinstadt ihre »Tätigkeiten« aufgenommen. Nicht zur allgemeinen Begeisterung. Sie besorgte sich beim Fleischhauer ihr Frühstück, in der Volksschule ihr Gabelfrühstück, aus den vollen Einkaufskörben ihr Mittagessen und die süße Nachspeise beim Bäcker. Klopfte an die geschlossenen Fenster und forderte Einlaß.

Einmal holte ich sie wieder heim. Aber wir boten ihr nicht die nötige Abwechslung. Später dann hörte ich nichts mehr von ihr. Ich trage die Hoffnung fest in mir, daß sie ihresgleichen gefunden hat und endlich zur Krähe geworden ist.

Alle meine Entlein...

Wie schwer es ist, Tiere für die Freiheit richtig auszurüsten, mußte ich lernen, als ich vor einigen Jahren Anfang März zwei Wildenten kaufte, die wie Hausenten gehalten worden waren. Es war ein junges Pärchen, Felix und Frieda.

Sie waren schon in Gefangenschaft geboren, und die Möglichkeit, dieser zu entfliehen, war ihnen mit den Schwungfedern abgeschnitten worden.

An unseren Garten grenzt ein Bach. Obwohl er vielen Wildenten einen geeigneten Lebensraum bieten könnte, begegnete ich dort kaum jemals einer.

Ich wollte an dem Bach Wildenten ansiedeln.

Vorerst grub ich in unserem Garten, in der Nähe des Stalles, einen Teich, etwa vier mal drei Meter.

Keine große Freiheit, aber viel Arbeit!

Schon am zweiten Tag eroberten Frieda und Felix das kühle Naß.

Am 20. März waren wir einander so vertraut, daß ich es wagte, mit ihnen den Bach zu erforschen. Ich meinte, ich könne es riskieren, weil Frieda am 16. März zu legen begonnen hatte und sie ihre Eier nicht im Stich lassen würde.

Mein Gefühl hatte mich nicht getäuscht. Unsere Ausflüge waren kurz und verliefen ohne besonderen Zwischenfall.

Die Wildenten hielten sich aber auch gerne am Teich auf.

Jeden Tag legte Frieda ein Ei ins Nest zu den anderen dazu und bedeckte die Eier sorgfältig mit Stroh, damit sie geschützt waren. Insgesamt zehn Stück.

Später zupfte sie sich weiche Daunenfedern aus ihrer Brust. Ein Zeichen, daß die Brutzeit begann.

Frieda begleitete Felix und mich nur noch morgens und abends zum Bach – erstens, um die Eier frisch zu befeuchten, und zweitens, um sie zur Belüftung zu bringen. Dazu müssen die Eier etwas auskühlen, damit sich die verbrauchte Luft in ihrem Innern zusammenzieht und Frischluft ins Ei gesogen wird.

Tiere »wissen« das, wir nennen das Instinkt.

Bei den Tieren, die in Brutkästen zur Welt kommen, gehen diese und viele andere wichtige Informationen verloren. Sie verstehen nicht zu brüten.

Felix war jetzt oft allein unterwegs. Aber ich wußte auch, daß er nicht weit wegschwimmen würde, um Frieda jederzeit warnen zu können.

Alles schien problemlos zu funktionieren, ganz ohne meine Hilfe.

So willigte ich dem Vorschlag meines Mannes zu, einige Tage Schi laufen zu gehen. Ich sorgte dafür, daß die Enten gefüttert wurden und nachts der Stall geschlossen war.

Am 12. April führte der Bach Hochwasser. Ein Gewitter war vorangegangen, und Felix wurde mitgerissen. Ich war nicht da.

Ich machte mir große Vorwürfe, suchte nach ihm, als ich zurückkam, aber erfolglos.

25. April. Zwei kleine Entenköpfe gucken neugierig unter Frieda hervor.

Ich setzte mich in die andere Ecke des Stalls und verhielt mich ruhig. Nach einer Weile hörte man wieder ein frisch geschlüpftes Entlein laut rufen. Frieda beruhigte es, begrüßte es, und schon bald tauchte es unter der Daunendecke auf…

Alle zehn Eier waren befruchtet. Die Kücken waren braun gefleckt, nur eines war gelb.

Schon am nächsten Tag gab's Schwimmunterricht im Teich, der mit einem Sonnenbad beendet wurde. Es war ein warmer Tag, und die Federn trockneten schnell. Wir lagen alle in der Sonne. Mein Haushalt lag im argen!

Aber das kümmerte mich längst nicht so wie der Gedanke an den verlorenen Felix. Täglich suchte ich nach ihm, hängte Zettel an die Bäume mit der Bitte, mich sofort zu verständigen, falls eine Wildente gesichtet würde.

Am 27. April, zwei Tage nach dem Schlüpfen, war ich zum ersten Mal mit Frieda und den Kücken zum Bach unterwegs. Die Kleinen mußten Wasserfälle überwinden, über Steine klettern, den starken Strömungen ausweichen. Erst wenn alle Entlein die Aufgabe gemeistert hatten, schwamm Frieda mit ihnen weiter.

Jeden Tag wurde der Ausflug verlängert.

Am 26. Mai wurde Felix gesichtet!

Der Enterich war wie vermutet vom Hochwasser erfaßt und mitgerissen worden, versuchte bachaufwärts wieder heimzukommen, was jedoch durch eine Staumauer verhindert wurde. Hätte er zu fliegen vermocht, wäre er schon bald wieder zu Frieda zurückgekehrt oder gar nicht erst vom Hochwasser erfaßt worden.

Nun schwamm er vor der Staumauer hin und her und war nicht zu bewegen, das Hindernis zu umgehen. Schwimmvögel flüchten bei Gefahr instinktiv in die Luft oder aufs Wasser, niemals an Land.

Ich versuchte verzweifelt, Felix zu fassen.

Das Wasser lief mir über den Rand des Schaftes in meine Stiefel hinein, ich achtete nicht darauf. Am Ufer hatte sich schon eine Zuschauermenge versammelt, die sich an unserem »Spiel« ergötzte.

Unterhalb der Staumauer war das Wasser tief. Ich konnte nun auch nicht mehr von Stein zu Stein springen, um Felix zu erwischen. Aber ich *mußte* ihn fangen!

Ohne lange zu überlegen, stürzte ich mich kopfüber ins Wasser. Es war ein kühler Tag…

Ich hatte ihn beim ersten Zugriff.

Hocherhobenen Hauptes ging ich, mit Felix unter dem Arm, an der Menge Neugieriger vorbei. Sie waren sehr still geworden.

Wir hatten noch einen langen Heimweg vor uns. Bei jedem Schritt quoll mir das Wasser aus den Stiefeln, das vorher aus meinen nassen Kleidern hinunterrann. Aber ich wurde nicht krank, weil ich so glücklich war.

Frieda und Felix begrüßten einander lange und freudig. Wildenten halten einander ein Leben lang die Treue. Sie hätten sich vermutlich nie mehr einen anderen Gefährten oder eine andere Gefährtin gesucht.

Felix »besichtigte« seine Kinder, und von nun an trennte sie nichts mehr.

Anfang Juli gab es den ersten Flugunterricht. Die jungen Enten hatten ihre Schwungfedern früher als die Eltern, denen sie erst wieder nachwachsen mußten. Sie benützten die Böschung als Startrampe und landeten im Teich.

Es war ein Erlebnis, als sich im Herbst mein Wunsch erfüllte und die ganze gefiederte Familie sich über unseren Garten in die Lüfte schwang, Kreise drehte und auf dem Teich wieder niederging. Sie waren offensichtlich zur Freiheit bereit...

Die Entenfamilie verbrachte die Nächte nun nicht mehr im Stall, sondern am Bach, ganz in der Nähe.

Als ich eines Morgens nach ihnen sah, fand ich die Flügel einer der jungen Wildenten abgebissen, die Ente fehlte. Anstatt vor dem Feind zu flüchten, waren alle dageblieben. Sie kannten keine Scheu und vertrauten meinem Schutz.

In der folgenden Nacht stellte ich eine geborgte Kastenfalle auf. Ich wollte den Feind fangen, nicht ihn töten. Aber die Kastenfalle blieb leer, und es verschwand abermals eine Ente. Es mußten Steinmarder sein. Die Enten waren eine leichte Beute, und sicher würden noch mehr dran glauben müssen.

Wie konnte ich das nur verhindern?

Ich hätte den Wildenten ihre Flügel stutzen können, um sie nachts wieder eintreiben zu können. Aber damit hätte ich nichts erreicht, im Gegenteil, ich hätte ihnen ihre bereits erlebte und erfahrene Freiheit wieder entzogen, und dazu hatte ich kein Recht.

Schließlich schien mir nur ein Weg der richtige zu sein: Ich mußte ihnen das Vertrauen zerstören: Ich mußte sie die Furcht lehren vor allem, was sich bewegt.

Sie mußten lernen zu flüchten!

Durch einen Tränenschleier sah ich meinen Freunden zum letzten Mal in ihre vertrauten Augen.

Dann nahm ich den Besen, lief schreiend auf sie zu und schlug vor ihnen immer wieder aufs Wasser.

Erschrocken flogen sie hoch, zogen einen Kreis und wollten auf dem Teich landen. Doch ich war vor ihnen dort, schwang wieder brüllend meinen Besen. Sie zogen Kreis um Kreis, ich schrie und heulte. Sie versuchten immer wieder, ihr Zuhause anzufliegen, bis es ihnen klar wurde, daß sie es nicht mehr brauchten, mich nicht mehr brauchten.

Sie waren frei.

Heute fliegen oft Wildenten über unseren Garten den Bach entlang. Und immer rufe ich »Felix! Frieda!« hinter ihnen her.

Sind sie es – oder nicht?

Heute weiß ich:

Freiheit in der Natur und Vertrauen schließen einander aus.

Freiheit verlangt ein Übermaß an Vorsicht.

Vertrauen macht unvorsichtig.

Die Henne Mathilda

Einer meiner sehnlichsten Wünsche war es, eine braune Henne zu besitzen. Woher der Wunsch kam, weiß ich nicht. Man kann mit einer Henne weder spielen, noch sie streicheln oder mit ihr spazierengehen. Trotzdem ließ mich dieser Wunsch nie los.

Völlig unerwartet wurde er mir erfüllt.

Susanne, eine Freundin, hatte ein privates Tierheim eingerichtet. Schon bald war es so überfüllt mit heimatlosen Tieren, daß die Kosten zu einem unlösbaren Problem wurden und auch die Pflege mehr Zeit beanspruchte, als sie aufbringen konnte. Es blieb ihr nichts anderes übrig, als den Bestand deutlich zu verringern.

Sechs Hunde, einige Katzen, zwei Ziegen, ein Frettchen, einige Vögel, darunter ein sprechender Beo, von dem ich noch erzählen werde, und eine kleine Schar Hühner blieben. Die restlichen Tiere konnten vermittelt werden.

Alle Hühner hießen Mathilda, der Einfachheit halber. Verwechslungen waren somit ausgeschlossen.

Da war Mathilda, die Bruthenne.

Sie hatte ein eigenes Kücken und ein »untergejubeltes« Entenkücken ausgebrütet.

Nach zwei Tagen war die Henne vollkommen überfordert: die beiden Kücken sprachen weder die gleiche Sprache, noch sahen sie gleich aus. Sie liefen nicht gleich schnell und jedes in eine andere Richtung. Mathilda war hin- und hergerissen. Doch dann traf sie ihre Entscheidung: sie entschied sich für das Entenkücken und verstieß ihr eigenes.

So wurde das Hühnerkücken mein Kücken und sollte eines Tages meine braune Henne sein. Goki war ihr Rufname, Mathilda der Familienname, da ihre Familie ja Mathilda hieß.

Mathilda war ein glückliches, fröhliches Kücken. In einer weichen Stoffwindel, die ich mir wie ein Tragetuch um Hals und Schulter band, fand sie einen warmen Unterschlupf. Ich trug das Kücken immer mit mir und konnte ihm jederzeit beruhigende Worte zuflüstern, wenn es weinte.

Meine Hausarbeit verrichtete ich, wenn auch mit einigen Verzögerungen und Verrenkungen, nie ohne Goki Mathilda.

Nachts schlief das Kücken in einer Schachtel neben meinem Bett. Wenn ich Goki Mathilda nicht mit mir tragen konnte, legte ich ihr einen Wecker in die Schachtel, damit das rhythmische Ticken sie an meinen Pulsschlag erinnerte.

Als sie den zarten Flaum gegen Federn eintauschte, wurde die Tragewindel überflüssig.

Goki Mathilda saß fast immer auf meiner Schulter oder lief hinter mir her. Sie war einmal bei meinem linken, dann bei meinem rechten Fuß. Ich entwickelte einen bedachten, seltsam anmutenden Gang. Ab und zu setzte sie sich auf einen meiner Füße und ließ sich tragen.

Später saß sie auf meinem Kopf und hatte Schwierigkeiten, sich an meinem ohnehin nicht sehr langen Haar festzuhalten. Sie war das einzige Tier, dem zuliebe ich mir fast eine Stoppelglatze schnitt. Ich liebte sie eben so sehr, meine braune Henne!

Einmal bekamen wir Besuch von Martha und Hans. Zwei liebe Freunde, die einen Bauernhof mit vielen Tieren bewirtschaften. Sie kaufen ihre Hühner von den Legefarmen – Hühner, die dann in Freiheit noch einige Jahre Eier legen.

Stolz stellte ich ihnen meine braune Henne vor.

»Henne?« rief Martha lachend. »Das ist ein Hahn, ganz ohne Zweifel!«

Dessen ungeachtet, blieb er für mich Goki Mathilda, denn ich ignorierte Marthas Behauptung. Doch schon bald änderte sich sein Wesen. Liebte er mich, als wäre ich seine Henne, so hackte er mit seinem scharfen Schnabel auf die anderen Familienmitglieder und verletzte meinen Mann mit den Sporen, als dieser keine Ausweichmöglichkeit hatte.

Das war sein letzter Streich bei uns.

Martha und Hans nahmen ihn zu ihren vielen Hühnern.

Seit dieser Zeit haben wir keinen Hahn mehr gezähmt. Hähne halten wir uns lieber auf Distanz. Meine Hennen hingegen trage ich spazieren.

Ich finde, meine Hennen sind klug, denn sie legen nur Eier, wenn sie brüten wollen.

Mein Mann jedoch sagt, daß sogar unsere Hühner nutzlos sind…

Ich bin eine Hühnerbesitzerin, die ihre Eier im Geschäft kauft.

Goki Mathilda und die Schlangeneier

Unser Komposthaufen befindet sich in der Nähe des Bachufers. Eine kleine Aulandschaft liegt dazwischen. Kompost ist ein idealer Wärmespender, gerade richtig, um die Eier der Ringelnattern auszubrüten.

Bei der Eiablage stecken die Schlangen bis zur Hälfte im Kompost. Reglos verharren sie, bis die Eier abgelegt sind. Wenn sie so daliegen, kann man sie anfassen, ohne daß sie einen Fluchtversuch machen.

Die Eier der Ringelnatter sind weiß und fast so groß wie Tischtennisbälle. Die Eihaut ist aber dünn und weich. Alle Eier einer Schlange kleben fest aneinandergereiht.

Goki Mathilda grub die Schlangeneier mit Vorliebe aus und hielt sich an ihrem Inhalt schadlos.

Wie war das nur zu verhindern, ohne daß ich Goki Mathilda im Stall einsperren mußte?

Ich holte unser unbenütztes Hundert-Liter-Aquarium vom Dachboden, breitete eine Handbreit Kompost hinein, grub die restlichen Schlangeneier aus und legte sie vorsichtig darauf. Darüber breitete ich abermals eine Schicht Kompost und besprühte alles mit Wasser. Das Aquarium stellte ich in mein Arbeitszimmer ans Fenster.

Täglich kontrollierte ich die Feuchtigkeit. Voll Spannung erwartete ich das Schauspiel des Schlüpfens.

Als sie dann eines Morgens geschlüpft waren, was ich ja im Grunde zu sehen hoffte, war es mir doch unheimlich. Es war, als blickte ich durch ein Verkleinerungsglas in eine Schlangengrube.

Schnell trug ich die Tiere zurück zum Kompost und verdonnerte Goki Mathilda zu einigen Stunden Hausarrest, damit sich die kleinen Schlangen verkriechen konnten…

Ein seltsamer Vogel

Es ist gar nicht so selbstverständlich, daß unsere so verschiedenartige »Tierfamilie« auch bei unseren Besuchern stets nur Freude und Entzücken hervorruft. Mit einigen unserer vierbeinigen Hausgenossen gab es gelegentlich schon Schwierigkeiten, etwa mit der Mäusezucht meines Sohnes Niko. Manche Menschen haben eben eine unüberwindliche Abneigung gegen Mäuse, da kann man nichts machen.

Mit meinen Vögeln hingegen gibt es diesbezüglich keine Probleme. Gegen sie hatte bisher kaum einer etwas einzuwenden.

Der seltsamste unter den Vögeln ist gewiß der Beo. In der freien Natur sind diese großen Stare über ganz Südasien und auf den Sundainseln verbreitet. Beos sind schwarz und eher unscheinbar, mit zwei gelben Lappen hinter den Ohren.

Beos sind ungemein sprechbegabt. *Wenn* sie es können, können sie die menschliche Stimme nachahmen wie kein anderer Vogel.

Aus diesem Grund werden Beos, ähnlich wie Papageien, in großer Zahl gefangen oder noch als Nestlinge aus den Nestern geholt und per Flugzeug auf die weite Reise nach Europa und Nordamerika geschickt, wo sie für teures Geld verkauft werden. Viele überleben den Transport nicht. Die restlichen Vögel kommen verstört, verschreckt und oft mit nicht wiedergutzumachenden Schäden bei uns in den Tierhandlungen an. Das bedeutet Tierquälerei:

Man sollte daher grundsätzlich keine Beos, Papageien oder andere exotischen Tiere von einem Händler kaufen – das gilt im besonderen auch für Schildkröten! –, die nicht nachweislich hier gezüchtet wurden.

Solch ein »gestörter« Beo wurde mir »günstig« von einer Frau angeboten, deren Haussegen bereits schief hing.

Der Vogel pfiff von fünf Uhr früh bis etwa zehn Uhr vormittags laut und durchdringend, danach beruhigte er sich. Na ja, dachte ich, vielleicht wäre ihm doch noch einiges beizubringen…

Ich nahm also den Beo und den schiefhängenden Haussegen dazu! Sosehr ich auch mit ihm übte, es kam nichts dabei heraus.

Durch Zufall lernte ich dann Susanne und ihren Beo kennen. Susannes Beo sprach. Er redete wie Susanne, er lachte wie Susanne, er schrie wütend mit den Hunden, wenn Susanne nervös wurde. Wenn das Telefon läutete, rief er sofort nach Susannes Tochter Nadja.

Er konnte mit Susannes Stimmlage ein komplettes Lied singen, dasselbe Lied auch pfeifen. Und was am lustigsten war, er konnte das Lied auch falsch singen, unterbrach sich lachend selbst und schrie: »Falsch, falsch!«

Es war einfach köstlich, ihm zuzuhören.

Wir wagten den Versuch, beide Beos zusammenzubringen. Ich versprach mir davon einige bescheidene Ergebnisse. Ich wünschte, mein Beo würde Gefallen an Suannes Stimme finden.

Susannes Beo schlief bei uns in einem Korb auf dem Küchenschrank. Wenn er morgens die ersten Schritte auf dem Gang vernahm, hüpfte er auf den Korbrand und rief mit Susannes fröhlicher Stimme: »Guten Morgen!«

Er begrüßte immer nur den ersten, der kam. Es begann ein morgendlicher Wettlauf.

Jeder von uns wollte begrüßt werden, also galt es, vor den anderen aufzustehen. Ich trat dann irgendwann die freundliche Begrüßung an meinen Mann ab, der sie nötiger hatte.

Mein Mann liebte diesen freundlichen Vogel.

Susannes Beo beobachtete sehr genau und aufmerksam. Wenn ich den alten Druckkochtopf auf den Herd stellte, begann er schon zu zischen wie der Topf, wenn er Überdruck bekam.

Er hatte auch einen lustigen »Fehler« eingelernt. Susanne lehrte ihn, »braver Vogel« zu sagen. Er aber wiederholte immer nur »braver Vo«.

Susanne wiederholte betont die zweite Silbe: »gel, gel«.

Der Beo war ja nicht dumm: »Braver Vo gel, gel!« rief er immerzu. Vermutlich auch heute noch.

Wenn in unserer Küche – die mein Mann gelegentlich als »Stall, in dem auch gekocht wird« bezeichnet – der Wirbel zu groß wurde und ich meine Nervosität dem Vogel vermittelte, so schrie er wie zu Hause: »Hunde, Katzen, Nadja, hinaus!«

Ob mein Beo Gefallen an Susannes Stimme fand?

Susannes Beo fand Gefallen an den schrillen Pfiffen, die sie nun im Duett von Sonnenaufgang bis…

Ja, bis ich Haus und Garten fluchtartig verließ und in meinem Auto Erholung suchte. Dort drehte ich mein Radio auf, leise, ganz leise, und hörte klassische Klänge, die meinen Ohren und meinem Gemüt wohlwollten.

Gänsebraten – nein danke!

Eines Tages besuchte ich wieder einmal meinen Freund, den Tierzüchter. Es war um Martini, also um die Zeit des Martinsfestes. Das Fest wird bekanntlich am 11. November gefeiert, zu Ehren des heiligen Martin, der es der Legende nach einer Schar schnatternder Gänse verdankte, daß er – gegen seinen Willen – Bischof wurde. Dieser fromme Glaube und der daran geknüpfte Brauch kosten alljährlich Tausenden Gänsen das Leben. Für viele Leute scheint Gänsebraten zu Martini, ebenso wie zu Weihnachten, unverzichtbar zu sein.

Stolz zeigte mein Freund mir seine Schar Gänse, die bald in vielen Pfannen braten sollten. Alle waren prächtige Tiere geworden.

Eine der Gänse war grau und weiß, und an den Flügeln waren die Federn gelockt. Es war ein wunderhübscher Ganter, also ein Gänserich.

»Der kommt auch in die Pfanne, wenn Sie ihn nicht nehmen«, klang es an mein Ohr, das für solche Sprüche nur allzu offen war.

Martin, so nannte ich den Gänserich, stand da und blickte mir tief in die Augen. Ich mußte tief in die Tasche greifen, dann durfte ich diesen Blick mit nach Hause nehmen.

Martin fühlte sich einsam bei mir. Er watschelte mir überallhin nach. Zum Bach ging er nicht ohne mich. War ich im Haus, so legte er sich auf die Türmatte und brütete dumpf vor sich hin.

Einige Wochen später erfuhr ich von einer Gans, die einem Kind gehörte. Die Eltern hatten ein kleines Gänslein aus Ungarn mitgebracht und es ihrem Kind zu Ostern geschenkt. Aus dem Gänslein wurde unvermeidlich eine Gans. Der Keller war Stall und eine Schüssel Wasser ihr Himmelreich.

Hin und wieder wurde ein Ausflug zum Wienfluß unternommen, der das kaputte Federkleid aber auch nicht retten konnte: die Federn klebten unansehnlich zusammen; ein jämmerlicher Anblick, weiß man um die Duftigkeit der Daunen.

Martin verliebte sich trotz dieser Mängel augenblicklich in Lilli.

Als sie zu uns kam, war es noch sehr kalt – für Gänse im allgemeinen kein Hindernis, trotzdem ihr tägliches Bad zu nehmen.

Doch Lilli hatte einen erheblichen »Tiefgang«.

Sie war nicht nur fast schwimmuntauglich, sondern nach dem Bad auch nahezu lebensunfähig. Ihre Federn wurden tropfnaß, und das Wasser gefror zu Eis, Lilli konnte sich nicht mehr erwärmen. Damit sie aber trotzdem ihr Federkleid im Wasser säubern und reiben konnte, was zur Regenerierung ganz wichtig war, mußte ich sie hinterher mit einem großen Badetuch abtrocknen, und zu diesem Zweck mußte ich mir Lilli auf den Schoß setzen…

In diesem Frühjahr war ich gegen Erkältungskrankheiten gut abgehärtet!

So richtig schön wurde Lilli erst wieder nach der nächsten Mauser.

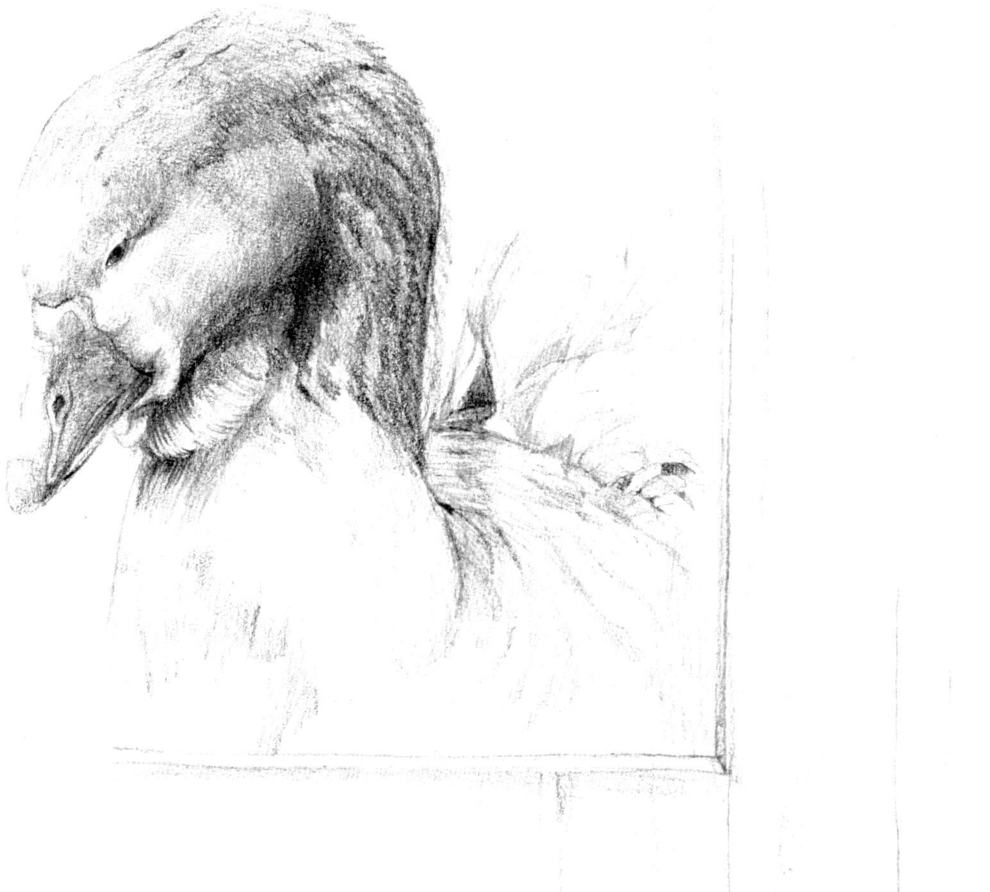

Ich mied es forthin, zu Martini meinen Freund, den Tierzüchter, zu besuchen.

Zwei Jahre später, *nach* Martini – kurz vor Weihnachten –, wollte ich ihm ein kleines Geschenk vorbeibringen.

Da war es eine »Weihnachtsgans«, die mich hilfeflehend anblickte, grau wie eine Wildgans.

Ich kaufte sie, ohne zu wissen, wie ich es zu Hause erklären sollte.

Bevor ich mich entschloß, meinen Mann zu suchen, ließ ich die Gans im Garten frei. Die richtigen Worte finden, dachte ich. Aber es fiel mir nichts Einleuchtendes ein.

Ich suchte also meinen Mann, und gleichzeitig suchte ich verzweifelt nach den richtigen Worten…

Da hörte ich ihn mit verhaltener Stimme rufen: »Renate! Renate! Schau, eine Graugans ist bei uns gelandet!« Er war entzückt.

Doch nach Aufklärung des wahren Tatbestands drehte er sich wortlos um und ging.

Ich hatte eben die richtigen Worte noch nicht gefunden gehabt.

Zurück zum Anfang

Am Anfang meiner Erinnerungen, die ich in diesem Buch festgehalten habe, steht mein guter Freund Fritz, das Pferd der Ankerbrotfabrik.

Darüber wollte ich eigentlich gar nicht schreiben, die Geschichte mit Fritz sollte mein trauriges Geheimnis bleiben.

Je mehr ich mich jedoch in die Lage der Kinder versetzte, um so mehr wurde mir bewußt, daß Geheimnisse, und viele davon sind traurig, aus ihrer Welt nicht wegzudenken sind.

Mein Geheimnis, sobald ich es dann doch niedergeschrieben hatte, veränderte sein Gesicht an dem Tag, als mir der Mann begegnete, von dem ich anfangs erzählte.

Er hatte mir damals diesen Satz ins Bewußtsein geschrieben: Ein Wunsch, einmal ausgesprochen oder auch nur gedacht, geht irgendwann in Erfüllung, wenn man ihn nie losläßt. Man muß nur ganz fest daran glauben und warten können – ohne Ungeduld…

In der folgenden Nacht lag ich lange wach. Die Gedanken kreisten in meinem Kopf.

Wie viele Wünsche waren nicht in Erfüllung gegangen?

An welchen Wunschträumen hing ich noch immer?

Welche Wünsche sind mir verlorengegangen durch Unerfüllbarkeit?

Was einmal wichtig war, verblaßte, und völlig unerwartet tritt etwas Neues auf, mit dessen Gesicht man sich erst anzufreunden hat.

In jener Nacht knüpften meine Gedanken neue Hoffnungsfäden an diesen und jenen Traum.

Am Morgen weckte mich das Telefon.

Mein Freund, der Tierzüchter, rief an.

»Frau Maderbacher, ich habe etwas für Sie.«

Und nach einer erwartungsvollen Pause, in der ich die Freude in seiner Stimme nachklingen hörte:

»Ein kleines Pony, zwei Wochen alt...«

Mehr hörte ich nicht; ich war schon unterwegs.

Vor meinen Augen tauchten Bilder aus meiner Kindheit auf, liefen ab wie ein Film.

Da war der große, starke Fritz...das Fohlen Billy...mein Vater mit seinem ungnädigen »Nein!«...da waren die Stunden, die ich neben den Pferden verträumte...und jene, die ich im Stall mit ihrer Pflege verbrachte...Momente der Berührung...

...und plötzlich fühlte ich wieder den Schmerz des Verlustes.

Zweifel stiegen auf; sollte ich nicht wieder umdrehen? Noch konnte ich »Nein danke!« sagen.

Aber ich hatte mein Ziel schon erreicht.

Zögernd, doch erfüllt mit sehnsüchtiger Erwartung, ging ich in den Stall.

Die erwachsenen Tiere hatten sich schützend vor das Fohlen gestellt. Nach einigen beruhigenden Worten gaben sie mir den Weg frei.

Da stand es...beige, mit einer weißen Strähne in der Mähne...dichtes weiches Fell...große dunkle Augen voll unbekümmerten Vertrauens.

Von all dem gehört mir ein Drittel!

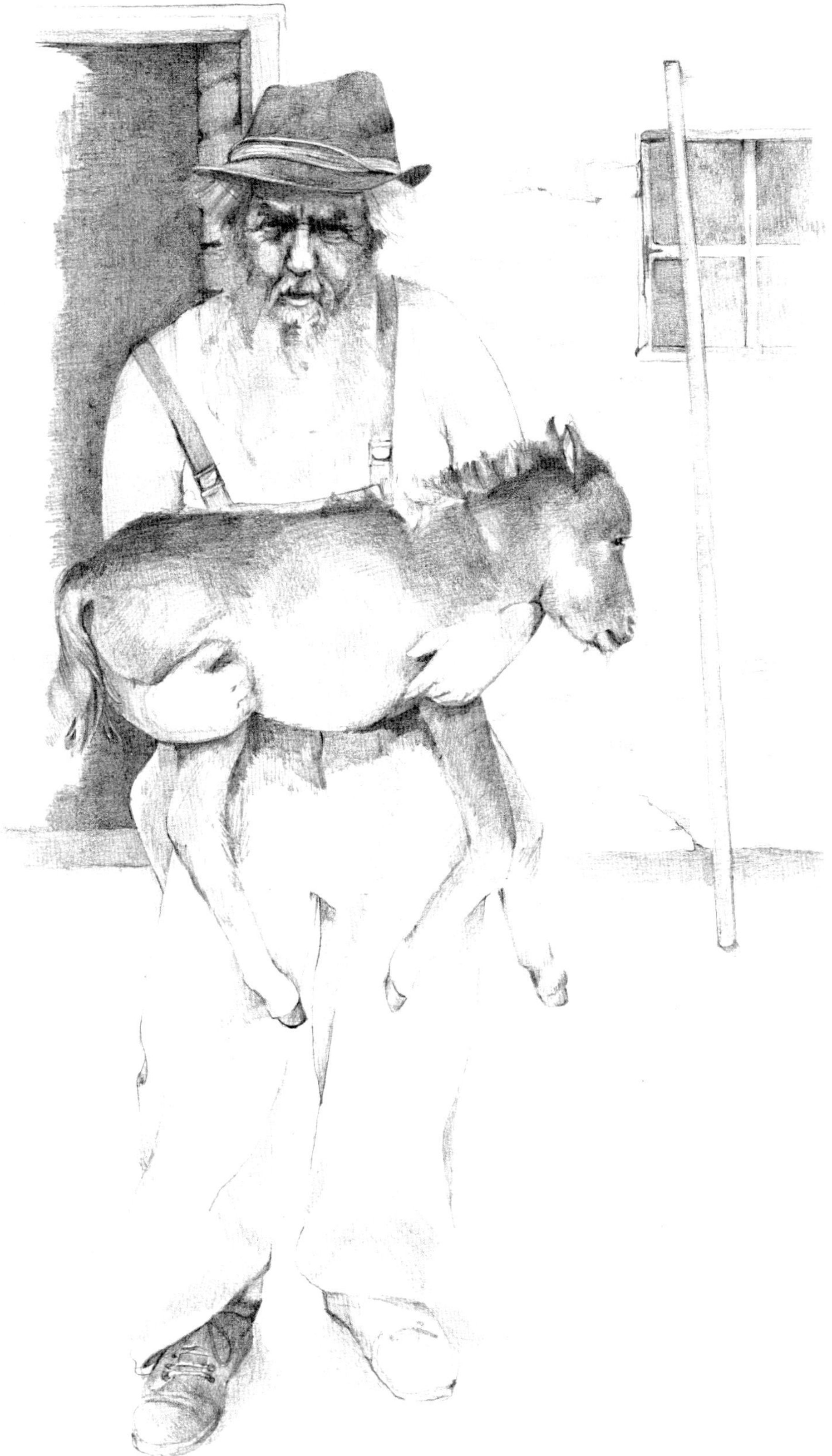

Das zweite Drittel bleibt im Besitz des Freundes, das dritte Drittel ist in den guten Händen einer Ärztin, die schon seit vielen Jahren auf diesem Hof anpackt, wo Hilfe nötig ist.

So hat jeder von uns dreien »sein« Fohlen.

Und jeder nennt es mit dem ihm persönlich zugedachten Namen.

»Mein« Fohlen heißt Fritzli.

Mit ihm habe ich das Versprechen bekommen, daß es nie, nie verkauft werden wird!

Ich darf es besuchen, wann immer ich will und so lange ich will.

Taktvoll werden wir dann allein gelassen.

Wie schön – wie wunderschön!

Das ist die Erfüllung meines Wunschtraums.

Inhalt

Mein guter Freund Fritz 7
Billy 11
Der Ritt auf der Sau Rosi 16
Der Obhut entwachsen 21
Zusammenleben 23
Ein Kaninchen auf Probe 25
Maunkerl 30
Ein Kaninchen kommt selten allein 34
Lohn der Mühe 37
Seltsame Tierfreundschaften 41
Schmuseschafe 43
Katzenkinder 48
Familienglück 51
Max und Moritz, die Waisenkinder 54
Überleben 59
Kara Kora, das Ungeheuer 63
Alle meine Entlein 67
Die Henne Mathilda 74
Goki Mathilda und die Schlangeneier 78
Ein seltsamer Vogel 80
Gänsebraten – nein danke! 84
Zurück zum Anfang 89